オリンピックと自衛隊

1964−2020

渡邉陽子 *Watanabe Yoko*

並木書房

はじめに

２０１３年９月、アルゼンチンのブエノスアイレスで開催された第１２５次国際オリンピック委員会（ＩＯＣ）総会で、２０２０年夏季オリンピックの開催地が東京に決まった。冬季オリンピックを含めると、日本での開催は２０２０年で４度目となる。

ところで、過去に国内で開催されたそのオリンピックすべてを、自衛隊が支援していたことはご存じだろうか。もっとも記憶に新しい１９９８年の長野冬季オリンピックで、競技会場の設営を行なう姿をテレビなどで目にした人はいるかもしれない。では約60年前の東京オリンピックでは？　東京大会開催が決まったあと、法律を改正してまで自衛隊の支援が求められたことを、どれほどの人が知っているだろうか？

防衛庁が陸上自衛隊を中心とした「東京オリンピック支援集団」を組織し、約７０００名もの自衛官が訓練を重ねて東京オリンピックの支援に従事したことは、人々の記憶から抜け落ちている。いや、そもそも最初から知られていなかったし、関心を持たれることもなかったのだろう。

けれど実際は、自衛隊の支援なしにオリンピック東京大会の成功はなかったと断言できるほど、自衛隊が果たした役割は大きかった。それゆえ、4年後の2020年東京オリンピック・パラリンピックでも間違いなく協力を求められる自衛隊の過去の支援業務を知ることは、自衛隊という組織そのものを知ることにもつながる。

自衛隊がどのような体制でどのような支援を行なったのか、その支援はどう評価されたのか。重量挙げの三宅義信選手やマラソンの円谷幸吉選手は、なぜ自衛官でありながらアスリートでもあり得たのか。ほとんどといっていいほど知られていない事実を、公式記録や支援に関わった自衛隊OBの証言、そして各部隊に残されている資料などから明らかにした。

本書が自衛隊の活動の一端を知る一助となり、微力ながら国民と自衛隊をつなぐ架け橋の役目を担えれば幸いである。

なお、本文中に出てくる部隊名はすべて当時のものである。また、隊員の役職、階級は取材時のもので、その後変更があった隊員については現在の階級を付記した。

目　次

資料提供
陸上幕僚監部、自衛隊体育学校、陸上自衛隊化学学校、陸上自衛隊東部方面総監部、陸上自衛隊航空学校、陸上自衛隊輸送学校、防衛大学校、自衛隊病院（中央、札幌、阪神、福岡）、野中光男、佐山詔介、及川輝彦

参考文献
「オリンピック東京大会協力の記録」（防衛庁）
「第18回オリンピック競技大会公式報告書」（オリンピック東京大会組織委員会）
「東京オリンピック作戦　支援に参加した自衛隊員の手記」（朝雲新聞社）
「オリンピック東京大会と政府機関等の協力」（文部省）
「東京オリンピック支援集団史」（昭和39年　東京オリンピック支援集団司令部編）
「オリンピックに奪われた命　円谷幸吉、三十年目の新証言」（橋本克彦著　小学館文庫）
「ブルーインパルス　大空を駆けるサムライたち」（武田頼政著　文春文庫）

第1章　1964年東京五輪に向けて

東京オリンピック開催が決まるまで

辞退、落選を経て3度目の正直

1964（昭和39）年10月、オリンピック東京大会が開催された。これは東京にとって「3度目の正直」となる、約四半世紀におよぶ悲願でもあった。

最初に東京での開催が予定されていたのは1940（昭和15）年のことだ。東京は第12回オリンピックの開催地だったものの、満洲事変から日中戦争、そして第2次世界大戦前の緊張した空気は日本での開催を許さず、1938年7月に日本政府は中止を決定した。開催地は東京の次点だったヘルシンキ（フィンランド）に変更となったが、こちらも結局、第2次世界大戦勃発により中止となっている（219ページ参照）。

あまり知られていないが、実は1952（昭和27）年5月に、東京都は1960年開催の第17回オリンピックの東京招致を決めている。戦後わずか7年にしてオリンピック開催地として再び名乗りを上げるとは、なんともたくましい話だ。新丸の内ビルヂングが竣工し、青山に日本初のボウリング場ができ、年末のアメ横は現在と同じように正月用の食材を買い求める人々でごったがえす、それが1952年の東京だった。ちなみに日本が主権を回復し、日米安全保障条約が発効され、16年ぶりにオリンピック（ヘルシンキ大会）に参加したという年でもあった。ついでに言えばロシアのプーチン大統領や元防衛大臣で衆議院議員の小池百合子氏が生まれ、手塚治虫の「鉄腕アトム」の連載がスタートした年でもある。

しかしやはり時期尚早だったのか、第17回の開催地はローマに決定、東京は落選してしまう。

それでも東京都はあきらめなかった。1956年10月、今度はローマ大会の4年後、1964年に開催される第18回オリンピックの東京招致を決める。そして今度は東京のみならず政府も動いた。これまでは東京都が中心に進めてきた招致活動だが、オール・ジャパンの体制のもとに展開しなければ開催国の栄誉は勝ち取れないと気づいたのだ。

内閣総理大臣を委員長として、政・財・スポーツ界など各方面からの参加を得て「東京オリンピック準備委員会」を結成、全般にわたる計画の推進にあたった。さらに国会でも衆・参両議院とも招致運動を強力に推し進め、その準備態勢を整備することが決議されるなど、まさに国を挙げての招致運動となった。

その努力が実り、１９５９年5月26日、ミュンヘンで行なわれた第55回ＩＯＣ（国際オリンピック委員会）総会において、第18回の開催地が東京に決定したのだ。第12回の辞退、第17回の落選を経ての悲願達成だった。

近代オリンピックと軍隊の関係

近代オリンピック競技大会は１８９６年に第1回がアテネで開催されて以来、第17回のローマ大会まで、各大会の開催国軍隊の協力によって運営された面が少なくない。とはいえ、第10回までは、軍隊の協力する部門は軍楽隊による奏楽《そうがく》、祝砲の発射、王侯・貴族の警護などが中心で、運動競技に関わる協力などは行なわれていなかった。

大きな転機となったのは、１９３６年の第11回ベルリン大会だ。聖火リレーが始まったのはこのベルリン大会からだが、そのコースとなるギリシャ、ブルガリア、ユーゴスラビア、オーストリア、チェコスロバキア、ドイツの道路を選定し、偵察するなどの準備を進めたのはドイツ軍だった。また交通、輸送、通信、医事衛生、選手村の運営もすべてドイツ軍によって実施された。さらに競技運営の面でも射撃、近代五種、ヨット、フェンシングなどに協力している。

ヒトラー政権下でオリンピックを政治・軍事に利用したという批判も大きかったが、軍隊の協力による大会運営の成果があったことも事実である。ベルリン大会以降、オリンピックにおける軍隊の果たす役割が大幅に増えたことがその証明ともいえるだろう。

このように軍隊が協力するようになったのは、オリンピックの規模が大きくなるにしたがい、その運営には多くの人が組織的・機能的に規律ある活動をする必要が生じたためだ。また、運営・輸送などの器材も大量に必要となり、それらを十分な数だけ保有している軍隊の協力は不可欠となったのだ。

このような理由から東京で開催されることになったオリンピックにも、当然自衛隊の協力が求められることとなった。ところが防衛庁の扱う業務内容の中には、運動競技に協力する業務は含まれていない。それでも、挙国的な体制で開催するというのが政府の方針だし、近代オリンピック大会では各国とも軍隊の協力が必然となっている状況から、防衛庁も協力する必要があるということになった。

そこで1961年、スポーツ振興法などが制定された国会で自衛隊法も改正され（13ページ参照）、自衛隊の任務に支障を生じない限度において、運動競技会の運営に協力できるようになった。こうして法整備がなされてから、防衛庁は1962年からオリンピック大会組織委員会、通称OOCと本格的に折衝をスタートした。

1960〜62年　準備段階

3つのフェーズからなるオリンピックに向けた準備

オリンピック東京大会の開催が決まったのが1959年。開催までの5年間、防衛庁はどのように準備を整えていったのだろう。そもそも防衛庁にはどのような協力が求められたのか、そして、その要請すべてを防衛庁は受け入れたのか？

それがわかるのが、東京大会の公式記録だ。防衛庁の協力に関して記載されている東京大会の公式記録は、OOC、文部省、防衛庁がそれぞれ作成している。もっとも細かく記載されているのは当然ながら防衛庁の記録で、協力の要請があった項目と引き受けた項目についての詳細も記載されている。文面はあくまでも淡々としているが、その文脈の合間に、OOCと防衛庁の間で何度も行なわれた支援業務についての攻防が垣間見える。そこには「自衛隊にやってもらおう」という思惑のOOCと、「そこまで頼んでくるか」と抵抗する防衛庁という構図が浮かび上がってくるのだ。

東京大会までの5年間、防衛庁がオリンピックに向けて進めた準備は、3つのフェーズに分けられる。それぞれのフェーズで防衛庁の支援内容も変わっていったので、準備の様子を振り返りつつ、支援内容の変遷も見てみることにする。

自衛隊法の改正

1960~62年は基礎的な準備段階の時期である。どの部門をどのように協力する必要があるかを調査し、協力する場合の法的根拠、協力準備態勢、協力開始時期などについて検討し、関係法令を整備し、基本的方針の決定を見た段階だ。

1960年8月、防衛庁は職員3名をローマ大会に派遣して、イタリア軍の協力状況を調査した。するとイタリアの場合、軍が協力することは「国際的慣例であり法律以前のもの」と、法的根拠がないことが判明する。これは防衛庁にとって相当な驚きだっただろう。だが実際のところはイタリアだけでなく、他国でも軍のオリンピックへの協力に関する法律は、少なくとも当時はなかった。「オリンピックが自国で開催されるのは数十年、数百年に一度のこと。国を挙げての祭典であることは間違いなく、それに軍が協力しないなどありえない」というのが、各国の共通した認識だったのだ。

しかし日本の場合はそうもいかない。防衛庁はすでに国民体育大会やアジア大会などのスポーツイベントへの協力を行なっていたが、その法的根拠が明らかでないために、いろいろ不便が生じつつあった。そこで1961年に自衛隊法を改正した。法を整えたのは、他国とは一線を画したところだ。少し堅苦しくなってしまうが、改正された内容は次のとおりである。

（運動競技会に対する協力）

第百条の三　防衛庁長官は、関係機関から依頼があった場合には、自衛隊の任務遂行に支障を生じない限度において、国際的若しくは全国的規模又はこれらに準ずる規模で開催される政令で定める運動競技会の運営につき、政令で定めるところにより、役務の提供その他必要な協力を行なうことができる。

（運動競技会の範囲）

第百二十六条の十二　法第百条の三に規定する政令で定める運動競技会は、次の各号に掲げるものとする。

一　オリンピック競技大会

二　アジア競技大会

三　国民体育大会

四　ワールドカップサッカー大会

（運動競技会の運営についての協力の範囲）

第百二十六条の十三　法第百条の三の規定により運動競技会の運営について協力を行なうことができる範囲は、次の各号に掲げる通りとする。

一　式典に関すること

二　通信に関すること

三　輸送に関すること

四　奏楽に関すること

五　医療及び救急に関すること

六　会場内外の整理に関すること

七　前各号に掲げるもののほか、運動競技会の運営の事務に関すること

（運動競技会の運営についての協力に要する費用の負担区分）

第百二十六条の十四　第百二十四条の規定（筆者注：土木工事等の実施に必要な費用のうち旅費を除く隊員の給与、食費、車両等の修理費以外は、工事を委託してきた側が負担するというもの）は、法第百条の三の規定により運動競技会について協力を行なう場合の費

大規模な通信支援ができるのが自衛隊の強みでもある。1964年東京五輪の式典や各競技での通信は自衛隊が一手に引き受けた。(陸上自衛隊)

用の負担区分について準用する。

支援業務の内容が固まる

こうして法整備ができた1961年7月、OOCから防衛庁へ、東京大会の運営支援に対して正式な依頼があった。支援事項は自衛隊法第百二十六条の十三に規定する事項全般についてである。この法律を見れば一目瞭然だが、要はこの時点で考えられるオリンピックのあらゆる部門で協力を求められたということになる。

1962年3月、防衛事務次官を委員長とする「防衛庁東京オリンピック準備委員会」が設置された。その事務局として設けられたオリンピック準備室が、OOCとの連絡・調整および陸・海・空幕僚監部との調整などの事務を担当することになった。

準備室はローマ大会のイタリア軍の協力を参考に、大会規模に対してどの程度の人員や装備が必要となるか検討しつつ、協力を要する業務などについてOOCや各競技団体と折衝した。そして同年7月、OOCは防衛庁へ第1回目の具体的な支援要請業務を依頼した。なおこの時点では、諸経費については「防衛庁と協議したいのでよろしく」とだけなっており、詳細は決まっていない。

要請のあった支援業務だが、この時点では以下のとおりである。

支援要請種目	業務内容
大会運営本部	緊急連絡用小型ヘリコプターの運用
選手村関係	(1) 村内警備…各ゲートにおける警備・巡回警備および国旗掲揚
	(2) 宿舎管理…管理事務所業務および宿舎の管理
交通輸送関係	(1) 輸送…警備資材、競技用具、大会関係者の輸送
	(2) 会場整理…射撃場・艇庫の警備および射撃場内等の整理
施設関係	給水装置…総合馬術競技における臨時給水施設の警備
広報関係	プレスセンターの記録整理、ラジオセンターの通信技術の支援

式　典　聖火リレー（自衛隊機による国外の聖火リレー支援）、奏楽・章旗の取り扱い（開・閉会式と表彰式）祝砲・通信（開・閉会式）

近代五種（1）競技運営…記録の掲示、掲示板の輸送、クロスカントリーの監視員、馬術コースにおける審判補助および競技運営上必要な通信

（2）救護…馬術競技およびクロスカントリー競技における救護

馬　術（1）競技運営…障害物の移動・撤去、総合馬術コースにおける補助審判および競技運営上必要な通信

（2）救護…主として総合馬術における救護

射撃（ライフル）（1）競技運営…指揮、記録、監的《かんてき》操作および通信

（2）救護…競技における救護

射撃（クレー）（1）競技運営…標的投てき器の操作、掲示、記録および通信

（2）弾薬輸送・保管

自転車競技　競技運営…記録の掲示、団体ロードレースにおける各国予備自転車の輸送および競技運営上必要な通信

陸上競技（マラソン・競歩）競技運営…記録の伝達、審判員・視察員のレース間輸送および競技運営上必要な通信

漕艇　競技運営…コースの設置、ステッキボート係および競技運営上必要な通信
ヨット　（1）競技運営…記録、コースの誘導および競技運営上必要な通信
（2）警備等…競技海面、各国艇の警備および国旗の管理
（3）コース設定…競技海面のコース設定
衛生関係　救護…陸上主競技場における担架要員

要請人員・装備合計
人員6185名（うち競技関係4140名）、1/4tトラック（小型トラック＝ジープ）167両、3/4tトラック（中型トラック）16両、2½tトラック（大型トラック）54両、救急車4両、無線機80台、有線機111台、交換機5台、天幕2個、ヘリコプター8機、輸送機3機、砲3門、給水装置1個、本船3隻、艇40隻

防衛庁はこの要請を受け、オリンピック支援要領を次のように定めた。
- 陸上自衛隊はヨット競技・国外の聖火リレーを除く全般的支援をする
- 海上自衛隊はヨット競技の支援をする
- 海上自衛隊・航空自衛隊・附属機関等は、陸上自衛隊の支援に協力する

●自衛隊機による国外の聖火リレーの支援について検討する

支援業務の内容から、陸・海・空自衛隊の協力の割合がそれぞれ大きく異なることがわかる。これでは自衛隊への協力依頼というよりも、陸上自衛隊への協力依頼と言ってもいいほどだ。過度な支援は各自衛隊にとっても負担が大きいが、手持ち無沙汰でも蚊帳の外に置かれたようでおもしろくないだろう。海上自衛隊はヨット競技の支援があったからまだ面目を保ったものの、焦ったのは陸自の手伝いという役目しか与えられていない航空自衛隊だ。結果としてはクレー射撃と漕艇については空自単独での支援となったほか、開会式ではブルーインパルスによる五輪飛行を披露し式典に華を添え、しっかりと見せ場を作った。

防衛庁はOOCに9名の自衛官を派遣し、事務の効率化を図った。また、1961年11月にOOCから依頼を受けていた朝霞訓練場内の朝霞射撃場建設工事は、予算を文部省から防衛庁に移し替えて建設することとなり、1962年8月から部隊施工により土木工事が着工した。なお、この射撃場は現在も自衛隊体育学校が使用している。2020年のオリンピックでは朝霞訓練場に仮設施設が整備される予定だ。射場こそ異なるものの、前回の東京大会と同じ会場が使われる競技は、ライフル射撃だけである。

１９６３年　支援部隊の編成

準備訓練として国際スポーツ大会を支援

計画を補備修正するフェーズである。協力する業務と主要協力担任部隊を定め、陸・海・空幕僚監部はオリンピック準備室および東京オリンピック支援集団司令部を設け、諸計画を作成した。また陸自はほぼ全般の協力を行なうため、支援業務に専念する臨時編成部隊が必要と判断された。

陸自の第1師団と海自の横須賀地方隊は、計画の具体化ならびにオリンピックでの協力をよりスムーズに行なうことを目指し、１９６３年10月に開催された東京国際スポーツ大会にも協力した。これはプレオリンピックという位置づけだったため、運営の要領などについては、翌年に控えたオリンピックの予行として行なわれた。そのため陸自は、オリンピックの支援予定部隊をできる限りこの大会に協力させた。その結果、さまざまな成果を得ることができたという。まずは協力全般が成功したことで、オリンピックに対する大きな自信となった。また、準備訓練の要点や期間などの目安もわかった。さらに、協力担当部隊と競技団体との間に人間関係が確立できたことも大きかった。広報についても「一貫性のある広報が必要」という教訓を得たことが、東京オリンピック支援広報渉外センターの設置へとつながった。

「自衛隊ならなんでもやってくれる?」

1963年度で特筆すべきは、前年7月にOOC(オリンピック大会組織委員会)から要請のあった支援内容について「自衛隊が協力するのは適当でない」と判断、協力を断った業務があることだ。それは選手村の清掃と管理事務所業務、(警視庁の使用する)警備用資材の輸送、天幕の提供、大会役員用乗用車の操縦、広報用通信技術支援、馬術における補助審判と馬の誘導作業である。

防衛庁としてみれば「選手村の掃除まで自衛隊にやらせるのか」「なぜ警察の資材をうちが運ぶのか」「天幕は自衛隊しか持っていないのか」と、忸怩《じくじ》たる思いがあったに違いない。

現在も自衛隊は冬に除雪作業に駆り出されることがあるが、なかには自衛隊が災害派遣される要件である「緊急性」「公共性」「非代替性」の原則を本当に満たしているのか疑問視されるケースもある。数年前、選挙区が豪雪地帯の、ある国会議員が、地元に「〇月の大雪の際は自衛隊に災害派遣を依頼しました」と自分の手柄のようにPRしていたが、いろいろ突っ込みどころの多い発言である。オリンピックについても、自衛隊でなければ支援できないことならば、防衛庁は協力を惜しまないだろう。けれど「自衛隊ならなんでもやってくれる」という便利屋扱いでの要請は、受け入れられるものではなかったはずだ。

オリンピックへの協力と災害派遣は法的根拠も異なるが、なぜその支援が自衛隊でなければいけないのか、警察や公共団体、あるいは民間企業ではできないことなのか、依頼の根拠をOOCが防衛庁にしっかり明示できないものがあったということだろう。

支援できない事項だと判断したのは、防衛庁長官でもオリンピック準備室室長の防衛事務次官でもなく、陸上幕僚監部だ。陸幕はローマ大会の視察に、2名の幹部自衛官（1等陸佐）を防衛庁長官官房の職員とともに派遣している。その後は陸幕オリンピック研究委員会を設置して、協力のあり方を研究してきた。そのため「自衛官としてふさわしくないもの、あるいは自衛隊の組織や装備を提供しなくても十分運営できると思われる項目」について客観的に判断することができた。そこで受託を取り止めるよう、防衛庁オリンピック準備室に伝えたのだ。

防衛庁から拒否された支援事項があったことは、OOCにとってはもしかしたら予想外だったかもしれない。今よりもはるかに自衛隊に対する風当たりが強い時代、テレビ放送を通じて日本国内のみならず世界中に自衛隊の雄姿をアピールする絶好の機会に、防衛庁が乗らないわけがないと思っていた節もあるのではないだろうか。だから選手村宿舎の掃除まで支援を依頼したのだとしても不思議ではない。ところが防衛庁は「自衛隊でなければ支援できないという根拠がない」として断ってきた。

ＯＯＣもまずいと思ったのか、協力できないとされた項目について再度検討した結果、「選手村管理事務所業務と馬術補助審判についてだけは、なんとかお願いしたい」と、譲歩しつつ防衛庁へ再度要請してきた。そこで、防衛庁も（というか陸幕も）「ならば仕方がない」と、この2点については協力することにしたのだ。また、衛生救護についてもＯＯＣは当初「陸上競技場における担架要員」という支援業務を要請していたが、これについては競技運営に協力する種目のみ協力することとした。

この結論にいたるまでに防衛庁とＯＯＣの間にどれだけのやりとりがあったのかはわからないが、防衛庁としても陸自としても、これは譲れない、負けられない戦いだったに違いない。

一方、ＯＯＣもじわじわと要求を拡大させていく。1年前と比べて要請人員・装備の合計はいずれも増加している。

要請人員・装備合計

人員4795名（競技関係）、ジープ357両、中型トラック52両、大型トラック82両、救急車9両、レッカー車1両、無線機148台、有線機273台、交換機8台、航空機（ヘリコプター）10機、砲3門、給水セット1台、艦艇55隻、発電機2台、折りたたみ舟（渡河用ボート）5艘

オリンピック支援集団の発足

陸自の東部方面隊は、1963年8月上旬に東京オリンピック支援集団準備本部を編成、支援集団の編成準備などを担当させた。のちに東京オリンピック支援集団長となる梅沢治雄陸将補(のち陸将)を長に、各部隊から選抜された20名が支援集団の基幹要員として配置された。東部方面総監部から臨時勤務中の陸幕オリンピック準備室の幹部や、OOCに派遣されている幹部と相互の連携を保持しつつ、12月に集団司令部が編成完結した。

さて、東京オリンピック支援集団という支援組織の編成要綱が決定されるまでの間には、解決しなければならないいくつもの問題点があった。

まず、特別の支援部隊を臨時編成するか、あるいは1962年1月に編成された第1師団を増強して協力を担当させるか、である。第1師団は東京の練馬駐屯地に司令部を置き、東京、神奈川、埼玉、静岡、山梨、千葉、茨城という人口が集中した地域の防衛・警備および災害派遣を担任する政経中枢師団である。第1師団はやはり本来の態勢を維持していなければいけないということと、対外的影響を考慮し、支援業務に専念する臨時部隊を編成することになった。

ではこの協力グループはどんな地位に置くのが適当か。これには長官直轄、東部方面総監直轄、第1師団長に配属という3案があったが、部隊の指揮運用や行政管理支援などから東部方面総監直轄案が採用された。

次に、グループの長は東部方面総監兼任にするか、あるいは別に立てるかを決める必要があった。その結果、方面総監は隷下の第1師団と第12師団をはじめとする部隊を統括して従来の任務を遂行、協力グループには専任の指揮官を配して東京大会協力に専念させることとした。

まだある。編成の時期について、支援集団の全部隊を早い段階で同時編成するか、それとも集団司令部のみ早期に発足して各群・隊は直前に編成するかが問題となったが、後者の案が選択された。ならば集団司令部の「早期」発足とはいつが適当なのか。これはオリンピック支援集団準備本部が編成された１９６３年８月がいいのか、あるいは１９６４年３月以降がいいのか議論されたが、ローマ大会に協力したイタリア軍隊の準備の経緯などを参考に、１９６３年12月という中間の時期に決まった。

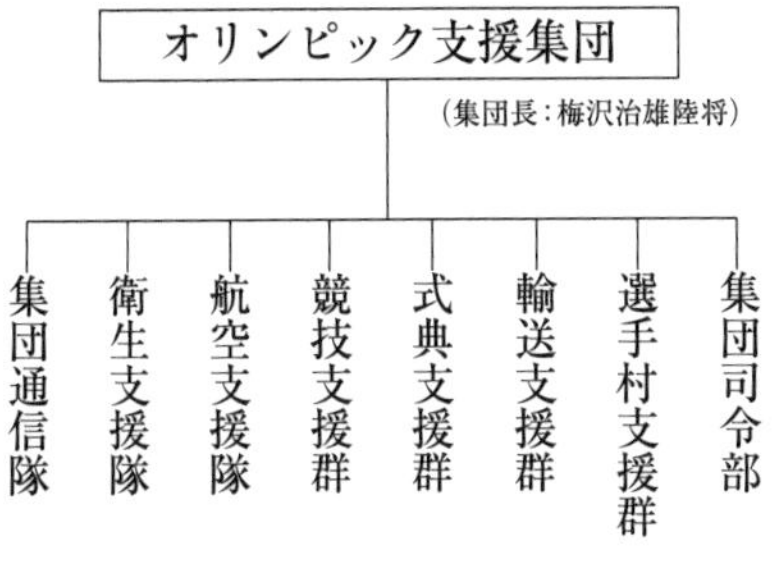

1964年東京オリンピック支援集団

このほかにも編成の要領や支援集団主力の配置場所(朝霞駐屯地に決定)、集団司令部の配置場所(市ケ谷駐屯地となったが駐屯地が手狭で、陸・海・空各幹部学校共用の兵棋《へいぎ》講堂に司令部を置いた)など、実に細かでさまざまな課題を根気強く、ひとつずつクリアしていった。こうして東部方面総監統轄のもと、陸自各方面隊や海自、空自、防大からなる、4625名によるオリンピック支援集団が、特別部隊として臨時に編成されたのだ。支援集団の編成は前ページの図表のとおり。

この編成については、実は適切でなかった部分もあったことが教訓として残されている。それについては後述する。

支援集団長は陸軍士官学校出身

支援集団長の梅沢治雄陸将（1964年に陸将に昇任）について、少し触れておく。

梅沢陸将は山形県出身、1911年（明治44年）生まれ。陸軍士官学校44期生、1938年に陸軍大学校を卒業。太平洋戦争開戦直前に参謀本部員となり、1945年3月に陸軍中佐に昇任。同4月、参謀本部員兼大本営参謀となって、そこで終戦を迎えた。1952年に自衛隊入隊（正確にはこの年に警察予備隊から保安隊へと名称が変わっている）、第1普通科連隊長、富士学校普通科部長を経て1959年に陸将補へ昇任した。1960年に陸上自衛隊幹部候補生学校長、翌年に陸上自衛隊幹部学校副校長を歴任し、東京オリンピック支援集団長に就任した。1964年に陸将となり、オリンピック終了後の11月に第11師団長となっている。1969年に退官。その後は綜合警備保障に入社、専務まで勤めた。正4位勲3等旭日中綬章、

写真中央が支援集団長の梅沢治雄陸将。アジアで開催される初のオリンピックにおける支援という重責を果たした。(陸上自衛隊)

2003年に老衰のため91歳で逝去。まさに激動の20世紀を生き抜いた人物である。

梅沢集団長は集団司令部の編成にあたり、次の統率方針を支援上の心構えとして示した。

統率方針：融和団結、職務の完遂、自衛隊の真価の発揮

支援上の心構え：今一歩の親切心、厳正確実しかも「スマート」に、突発事態に心の余裕、事故の防止に手ぬかりはないか、功は他に譲り、縁の下の力持ちに徹せよ

開会式まで残り1カ月とせまった1964年9月11日の毎日新聞に、梅沢陸将のインタビューが載っている。人となりがわかる一文なので、抜粋して紹介する。

「競技のルールから、語学にマナー、隊員はまったくよくがんばってくれた。それと、これまでの開催各国ともうまくいかなかった輸送関係をどうするかで、いちばん苦労しました」(中略)陸士44期で陸大はトップ、第6師団参謀や大本営陸軍参謀などをやり終戦時は陸軍中佐。戦後は復員局から自衛隊入りをして、前職は統合幕僚会議第4幕僚室長と、ほぼ一貫して動員・編成畑を歩いてきた。身長175センチ、体重87キロの堂々たる偉丈夫。(中略)「むかしの軍隊はいくさのことばかりを考えておればよかったが、いまは違う。さきごろも災害に出動して感謝されたが、こんどはオリンピック支援の任務を立派に果たして、平和時における自衛隊の姿がどうあるべきかを国民にシカと認めてもらうように努力したい。(中略)本当は、もっと年が若かったら、陸士時代にやった馬術、水泳、射撃などで近代五種に出る資格があるんですがね」

1964年1月上旬から3月下旬は、オリンピック支援集団司令部にとって諸計画の立案と準備期にあたる。それまでOOCをはじめ部外関係機関などとの直接交渉は集団司令部の任務として与えられていなかったが、集団司令部の編成完結によって、また業務の必要性や先方からの要請により、各担当者を必要な会議に出席させられるようになった。また、所要の調整も実施できるようになったことで、各関係機関との調整がスムーズになった。

記録に詳細は残されていないが、どうもこの時期は、先に設置されていた内局のオリンピック準備委員会や陸幕のオリンピック準備室が対外的な窓口となっていたようで、さらにOOCに派遣されている幹部自衛官もいたため、実務にあたる集団司令部が自由に関係者とやりとりできないゆえの不都合が生じていたようだ。いつの時代も、実際に汗を流す現場レベルどうしで話すのが、いちばん話が通りやすいはずなのだが。同じ組織であるものの、水面下ではパワーゲームが繰り広げられていたのかもしれない。

こうしていよいよオリンピック開催年、1964年度の最終フェーズを迎える。

1964年　本番に向けて

協力業務・人員・装備が最終決定

いよいよ最終フェーズである。オリンピックが約半年後に迫り、これまでの机上における準備や計画、会議といった「静」から、支援部隊の編成や訓練など、流れが一気に「動」へと転じた時期である。

まず1964年4月、OOC（オリンピック大会組織委員会）からの最終要請があり、防衛庁が協力する人員と装備は以下のとおり決定した。

最終要請人員・装備合計

人員5345名（競技関係）、ジープ469両、中型トラック74両、大型トラック186両、救急車9両、レッカー車2両、無線機248台、有線機525台、交換機4台、発電機2台、航空機（ヘリコプター）12機、砲3門、給水トレーラー2両、艦艇72隻、折りたたみ舟5艘

第1回の要請時より、車両や通信機材は激増している。

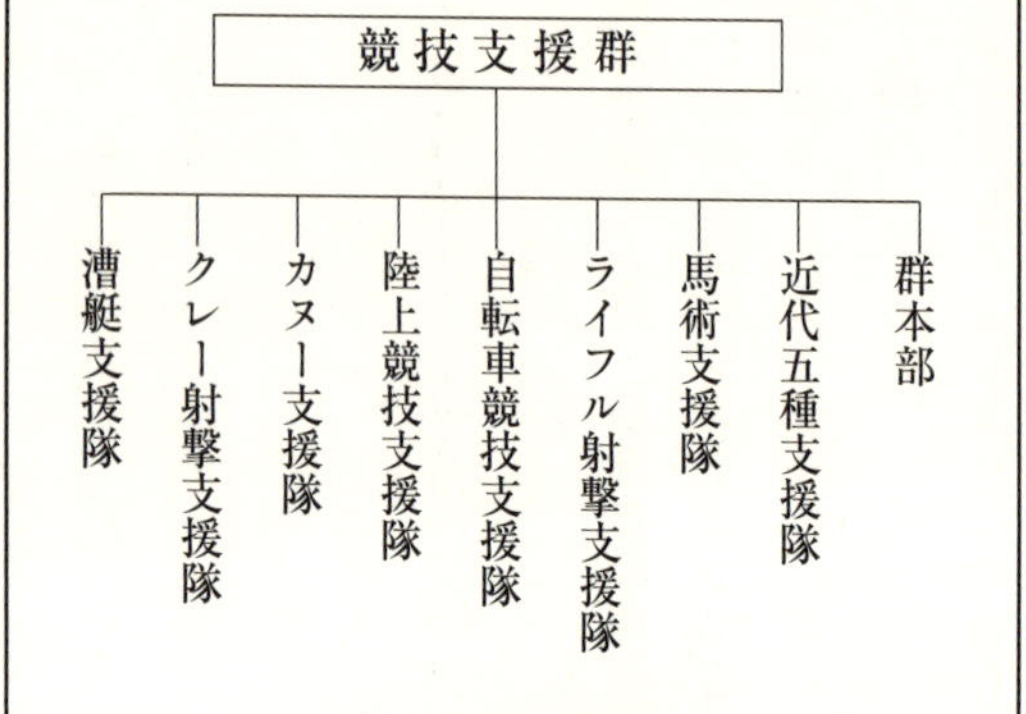

競技支援群の編成

なお、基本的な必要経費はOOCが負担することになった。防衛庁はさぞや胸をなでおろしたに違いない（少なくともこのときは）。また、自衛隊が協力する項目は式典、近代五種競技、馬術競技、ライフル射撃、クレー射撃、自転車競技、陸上競技、カヌー、漕艇、ヨット、代々木選手村、八王子選手村分村、輸送、衛生とすることも決まった。

一方、前述したように、依頼があったものの協力しないことになったのは、次のとおり。
●選手村の宿舎の清掃
●交通警備における警備資材の輸送
●大会役員用乗用車の操縦
●広報における技術支援および記録の整理
●国外聖火リレー支援
●近代五種の馬術における馬の誘導作業
●マラソンでの天幕の提供、救護（競技運営に協力する種目のみ協力）

このほか、各音楽隊の制服を新調することは決まったが、選手村を支援する隊員の服装については、自衛隊の制服を着用するか、それとも背広を貸与するか、この時点でも「さらに検討する」こととして決定していない。なにを着るか、これは案外深刻な案件だった。

広報についても本格的に活動を始めた。テレビ放送されるオリンピックは自衛隊をＰＲする絶好の機会だ。５月に長官官房広報課オリンピック広報室を設置、オリンピック広報実施要綱を定めた。自衛隊の協力状況をパンフレットや週刊誌、広報写真などによって計画的にＰＲに努めた（大会終了後は協力した隊員の手記をまとめた『東京オリンピック作戦』の作成なども行なった）。

そして協力予定部隊は、１９６４年度初頭から業務の複雑なものについて教育訓練や図上研究を始めたほか、ＯＯＣや競技団体の行なう選手選考大会・大会運営予行に参加して経験値を重ねていった。

本番に向け訓練に明け暮れる日々

この時期の陸・海・空各自衛隊の動きは以下のとおりである。

陸上自衛隊……輸送（ジープ隊）、選手村、近代五種、ライフル射撃支援隊の基幹幹部要員教育、車両操縦手および支援群（隊）長要員教育訓練など、主要な種目の教育は東京で、語学教育や協力のための基礎的事項などについてはそれぞれの方面隊で教育訓練を行なった。

海上自衛隊……ヨット競技支援図上演習により関係部隊基幹要員の教育を行なったほか、港湾調査と合わせて浮標設置訓練を実施。さらに大会選手権選考予選に協力することで問題点や未解決点の解消を図り、協力の方法を固めた。

航空自衛隊……陸自と調整しつつクレー射撃および漕艇支援要員に対し、しつけ（自衛隊用語では、自衛官としての規律と品位を正し、維持するための精神的、行動上の規範を意味する）教育、基本教練を行なった。また、大会選手選考予選に協力した。

支援隊員には業務にあたっての心構えや服務規則、エチケットに関する冊子が配布され、「おもてなし」についても学んだ。（陸上自衛隊）

防衛大学校……1964年5月に標識隊のメンバーを選定。授業と定期訓練の余暇を利用し、さらに夏季休暇における合宿で、基礎的体力の充実とともに標識の操作を訓練。さらにオリンピックに関する知識も学ぶなど教育訓練を重ねた。

支援の主体となる陸自の訓練について、もう少し細かく見てみる。陸自はジープ隊基幹要員訓練と支援関係幹部教育を皮切りに、所要の支援群・隊の基幹要員に対して各種教育訓練が行なわれた。この時期はまだ支援集団編成完結前のため、主要な教育訓練は東部方面隊が担任した。

4月、各国選手団長用ジープ操縦手250名が、走行1万キロ以上無事故の実績を

輸送はオリンピックの支援の中でも最大の難関とされていた。そのためほかの支援よりも早く訓練や準備を始めて臨んだ。(陸上自衛隊)

持つ隊員から選ばれた。輸送学校は訓練に先立ち、2月から約40日かけて都内主要道路の状況、交通量、そして各競技場の状況などを調査して、車両操縦手集合訓練に必要な教官資料を提供している。選手団長のジープ操縦手以外にも、ジープ隊基幹要員教育が約1カ月間行なわれた。この時期に行なわれたほかの支援関係の訓練が1週間程度だったことを考えると、やはり各国の選手団長や関係者を乗せて走り慣れていない都心の道路を走行するというのは相当高いハードルだったのだろう。

実は輸送がうまくいくかいかないかは、オリンピックの評価に大きく関わっている。過去のオリンピックでは、一度もスムーズな輸送が行なわれた大会がなかった。

それほど輸送支援は難しいものであり、防衛庁にとっても最大の難関だったのだ。これについてはあとの「輸送支援」の項目でも紹介したい。ほかには、選手村基幹要員訓練やライフル射撃基幹要員訓練、近代五種基幹要員訓練と支援群・隊長要員集合訓練も行なわれた。

東部方面隊以外では、北部方面隊はスペイン語、東北方面隊は英語、中部方面隊はドイツ語、西部方面隊はフランス語と、選手村支援群管理事務所要員に対する語学教育を、部外講師を招いて2~3週間実施した。ふだんは地元の方言で話している隊員たちがスペイン語やらフランス語やらを必死に学ぶ姿を想像すると、どこかユーモラスである。ちなみに選手村関係に関わる幹部100名は、最初から語学堪能な者が指名された。

また、馬術支援隊の東北方面隊は5月に約1週間の馬術連盟主催の審判教育を、さらに8月中旬に七戸で行なわれた総合馬術競技最終予選会に協力して実施訓練を行なった。中部方面隊は6月中旬に自転車競技支援隊を仮編成、京都府の祝園《ほうその》弾薬支処や三重県の鈴鹿サーキットなどで追従訓練、安全追い越し訓練、急制動訓練を行なった。自転車競技支援も輸送と並ぶハードルの高い協力業務だったのだが、これらは「自転車競技支援」で後述する。

なお、集団司令部は1964年に入ってからOOCなどとの会議に出席できるようになっていたが、開幕までのカウントダウンが始まっている5月以降は、OOCその他関係部外機関との調整も、ようやく直接行なえるようになった。前述したように、それまでは防衛事務次官を委員長とする防衛庁東京オリンピック準備委員会（正確にはその事務局であるオリンピック準備室）と陸幕のオリンピック準備室が対外的な窓口となっていた。防衛庁側の窓口がいくつもあることは対外的な混乱を招くため、オリンピック支援集団司令部が「いつから、どの範囲まで」関係機関と直接調整するかの判断は、確かに難しいものがあっただろう。だが集団司令部としては、「やっとか！」という思いがあったことは想像できる。

そして担当業務ごとにいよいよ活発な調整、連絡が始まると、とりわけOOCとの調整は広範多岐におよんだ。記録によれば「OOC経費予算の折衝は曲折が多かった」とあるから、金銭面ではだいぶ丁々発止の攻防があったと思われる。というよりも実際にあったことが東京大会の教訓として記録に残っているので、これについては別のページであらためて紹介したい。

こうして着実に準備が進むなか、7月には防衛庁とOOCとの間で東京大会の運営に関する協定が正式に締結された。8月にはいよいよ支援部隊の編成も始まった。

最初に編成されたのは、選手村の開村と同時、またはそれ以前から協力を始める必要のある業務（選手村・輸送の各支援群）と、事前に相当な訓練と準備を現地で実施する必要のある近代五種、射撃、自転車、ヨットの各支援隊だ。陸自は9月15日までに残りの部隊も編成完結、東京オリンピック支援集団の陣容が完全に整った。21日には防衛庁長官臨席のもと、東京オリンピック支援集団観閲式を挙行している。

1964年9月21日、東京オリンピック支援集団の編成完結にともなう観閲式が朝霞駐屯地で行なわれた。(陸上自衛隊)

海自はコース標示浮標《ふひょう》の設定、陸上基地要員などの準備に必要な部隊から逐次編成し、10月初頭に編成を終えた。

そしてこれまで今ひとつ影の薄かった空自だが、ブルーインパルスは1年半にわたって五輪飛行の訓練を重ねていた。7月に満を持してOOC関係者を招いて発表会を開催、9月19日にはOOCから五輪飛行の実施要請が提出された。そしてついに10月1日、五輪飛行隊が臨時編成されたのである。

なお、OOCから防衛庁への支援の要請は、最後の最後、9月末日にさらに追加された。大会時の役員・選手に対する応急治療後の医療のため、自衛隊中央病院(東京都世田谷区)への協力を要請されたのだ。応急処置は各会場の医療救護室で行なうが、これで不十分な患者については各会場から至近距離の病院と契約し、そこで医療を行なうというものだった。ちなみに診療にかかる費用はOOCの負担だ。

これで協力態勢はすべて完了した。選手村支援群は8月22日から、ヨット支援任務部隊は9月1日から、そしてその他の部隊は9月15日からそれぞれ協力をスタート。

10月8日、梅沢集団長は心をひとつにして任務を完遂するよう、最後の訓示を行なって隊員を激励。9日には集団全員に対して「全支援隊員に告げる。万国の旗われらを見る。真心をこめて自己の任務を完遂せよ」という電報を発した。電報というところに時代を感じる。

あとは開会式当日を待つのみである。

自衛隊の働きに対する感謝と高い評価

支援集団は開会式における式典支援群の協力を皮切りに、指揮下13個群・隊計4625名で、15日間にわたりのべ約1万1000名の競技協力を実施した。この4625名とはオリンピック支援集団を構成する人数であり、支援集団隷下以外で支援に関わった隊員も含めると、総勢約7000名におよぶ。

支援集団は選手村ならびに輸送関係は約80日間、のべ8万8000名の協力を実施。陸・海・空各自衛隊に防大生まで加わった臨時編成部隊にもかかわらず、きわめて順調に協力任務を完遂したことで、陸自は「自衛隊史上前例のない大規模な臨時編成部隊であったが、寄合世帯《よりあいじょたい》の弱点を克服し、みごとな部隊運用を展開した。これは各級指揮官の卓越した指揮統率・最高の栄誉を自覚した全隊員の行動・周囲の温かいバックアップ等が結集した成果であった。この協力の世界に対し国内はもちろん、参加国の役員・選手からも絶賛を送られた」と盛大に自画自賛したが、それもよしと十分思えるほど、自衛隊はよくやった。

晴天に恵まれた開会式は自衛隊が仕切ったといってもいいほどたくさんの支援を行なった。各国旗を掲揚したのも自衛隊である。(陸上自衛隊)

ＯＯＣ会長から感謝状および盾が贈られ、防衛庁長官からも陸自の支援集団、海自の横須賀地方隊、空自の第1航空団特別飛行班が一級賞詞《しょうし》を授与されていることから、自衛隊の働きに対する感謝と高い評価は、客観的に見ても確かなものだった。

第2章　陸・海・空自衛隊支援

式典支援

世界中が注目する開会式

　オリンピックにおける自衛隊の支援の中でもっとも目立つ花形といえば、間違いなく式典の協力だろう。開会式は日本のみならず世界中が注目する式典だ。プラカードを掲げて選手を先導する防大生、高らかにファンファーレを演奏する音楽隊、五輪旗を奉持《ほうじ》する海上自衛隊の旗章隊員など、その一挙手一投足がテレビに映し出される。いわばオリンピック最大の支援がオリンピックの最初に位置しているのだ。ほんのわずかなミスも、決して許されない。

　完璧に任務を遂行するのは開会式を滞りなく進めるためだが、自衛隊にとってはもうひとつの目的がある。それは精強さを示すことである。

たとえば定例的にある観閲式での行進、特別儀仗隊による儀仗、ブルーインパルスの展示飛行や音楽隊の演奏などは、いずれもそれ自体が戦力に直結しているわけではない。しかし一糸乱れぬ動きができることや、難易度の高い展示飛行を披露すること、そして個々のレベルの高さがそのまま反映された音楽演奏などは、それだけ質の高い訓練が行なわれていることや各隊員の技量の高さを示すものであり、自衛隊が高度に統制された集団であることの証しとなる。武器を手にしていなくても、自衛隊の精強さを示す絶好の機会がオリンピック、しかも全世界にテレビ中継される開会式なのだ。

開会式を含む式典全般の協力業務を担当したのは式典支援群だ。協力業務は次のとおり。

- 開・閉会式における標識の取り扱い
- 祝砲発射
- 開・閉会式と表彰式における旗章の取り扱い
- 開・閉会式、表彰式、入村式等における演奏
- 開・閉会式と聖火リレーに必要な通信連絡

式典支援群は陸自の第1普通科連隊（練馬）を基幹とし、海自・空自の自衛官と防大生の計

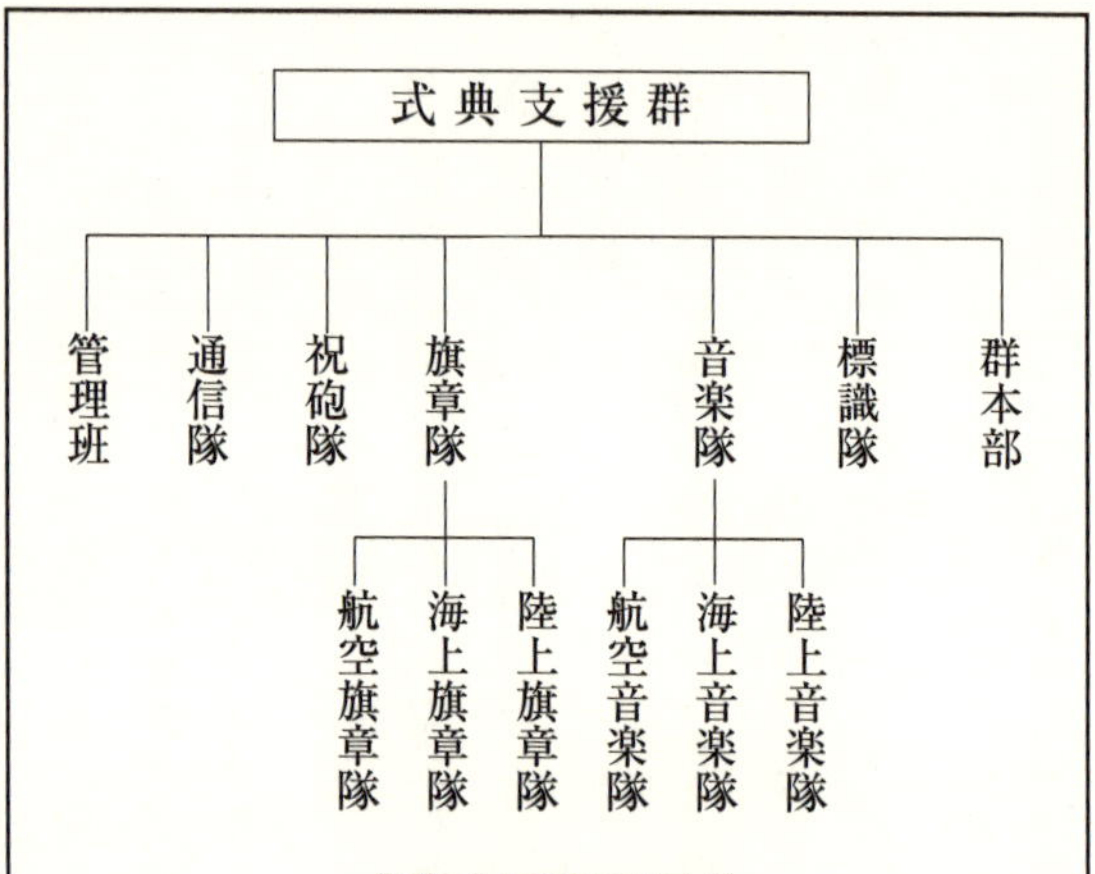

式典支援群の編成

860名で9月15日に編成完結した。今この編成を見ると、まさに統合運用の先がけではないか。陸自だけの編成ですら複数の部隊が混在するといろいろ面倒が生じるのに、陸・海・空の横のつながりなど皆無の時代（それどころか陸自と海自は水と油を地で行く関係だったと思われ）、世紀の祭典のうちでもいちばん重要な、しかも華々しい開・閉会式および表彰式の骨組となるべき重要部分を担任するのは、どれほどの苦労があったことだろう。

　実際、編成完結したあとも、支援群の全員が練馬駐屯地で寝起きをともにすることはなかった。防大生は授業があるので小原台《おばらだい》（防衛大学校の所在地・神奈川県横須賀市）に戻ってしまったし、海自も横須賀から「通勤」してきた。そのため調整・連絡や合同訓練に不便が生じることは避けられなかった。そこでOOC計画の国立競技場での部分予行日や総合予行日を利用して合同訓練を実施するなど、苦心を重ねて練度の向上を図っていった。式典支援群は図表のように編成された。

音楽隊はもともと部外協力の行事が多いため、オリンピックを迎えるまでの訓練時間の確保には相当苦労したようだ。祝砲隊は第1特科連隊（駒門駐屯地）が担任した。

開会式の入場行進でプラカードを掲げて選手団を先導する標識隊の防大生。数カ月におよぶ訓練を経て、ついにこの日を迎えた。(陸上自衛隊)

国名が書かれたプラカードを持つ標識隊は防大生の担当だ。5月12日、防大1～2学年中心に、身長170センチ（のちに168センチに修正）以上で容姿端正、心身強健を条件に要員学生の選抜を行なった。選ばれた学生は週2回、課外時間を利用して基本訓練を徹底、夏季休暇は1週間の合宿訓練も行なった。選ばれた学生すべてが「名誉あること」と喜んだのか、あるいは課外時間も夏休みも拘束されると、自らの「容姿端正」を恨んだのかはわからないが、控えめに言っても、式典支援群の協力業務の中でもっとも目立つ業務のひとつであったことは間違いない。この標識隊は、9月中は期末試験があったために開・閉会式会場となる国立競技場での訓練がほとんどできず、実質的には10月1日のOOC予行から参加した。

海自の旗章隊は、ヨット支援任務部隊と陸上支援任務群の一部が式典支援群との重複任務となったため、原隊で基礎訓練を実施した。陸自の記録ではこの事実のみ淡々と記されているが、式典支援の専任でなかったことが、どこか不満げに聞こえる。

空自の旗章隊は、第1航空教育隊（防府）で教育終了直後の第10期空曹候補者で編成された。そのため基本訓練やしつけ教育などがよく徹底されていて、9月13日に練馬に集合したときにはただちに旗章訓練に移行できる練度に達していたという。このあたりの記述は陸自、べた褒めである。空士から空曹へなろう（つまり2、3年の任期制ではなく、定年まで勤める自衛官として生きていく道を選んだ）という意識の高いピカピカの要員で構成された空自に対し、きわめて重要な開会式を含む式典の支援をするというのに、まるで「片手間」のごとくほかの支援と兼任させる海自。なぜ式典支援に専念できる部隊と隊員を海自が送り込まなかったのか、あるいは送り込めなかったのか、その理由は不明だが、陸自が地団駄を踏む思いだったのも無理なかったかもしれない。しかし重複任務を命ぜられた海自の隊員たちが、並々ならぬ努力をもってそのいずれの任務も完遂させたことは後述する。

開会式までの期間にも、式典支援群の業務はすでに始まっていた。9月15日には代々木選手村の開村式が行なわれ、支援群は陸上音楽隊79名を派遣した。その後、9月20日から10月9日までの間に八王子などの分村においても入村式が行なわれ、いずれも音楽隊を5回、のべ654名派遣している。

開会式の支援

アジアにおける最初のオリンピック大会の初日を飾る開会式。前夜までの大雨が嘘のように青空が広がる国立競技場で、参加国94カ国6700名の選手・役員が参加、これを8万人の観衆が見守るうちに展開された。開会式での支援群の業務はファンファーレの吹奏、奏楽、参加国旗などの掲揚、五輪旗の入場、掲揚、選手団の先導、標旗手による敬礼点の標示、祝砲の発射、通信である。

実は、当日朝になってとんでもない事態が発生した。9時に陸上競技場会議室において主任者連絡会合が開催され、式次第などの最終確認を行なったが、なんとその際に北朝鮮、インドネシア、バルバドス、エクアドルが不参加となり、参加国が98カ国から94カ国になったことが

ファンファーレや国歌を演奏する音楽隊。各競技の表彰式にも駆り出されるので人手が足りず、要員は全国から集められた。(陸上自衛隊)

判明したのだ。もちろんこの4カ国の選手は出場するため、すでに選手村入りしている。とんでもないレベルのドタキャンである。すぐさま参加国国旗の掲揚順序の変更などに対応しなければならない。そのため、開会式の開始までに各旗章隊はこの時点で再編成することになり多忙を極めたが、本番では滞りなく、無事に務めあげることができた。こういった不測の事態が起きても的確な対処ができ、何事もなかったかのように本番でもふるまえたのは、まさに日頃の訓練の賜物だ。

しかし参加国数に変更があると、分単位どころか秒単位で進行する開会式に影響はなかったのだろうか。ここで開会式の式次第を時系列で見てみる。

13時30分00秒　開会準備…各隊所定の配置につき、通信隊は通信連絡に任じた
13時45分00秒　天皇陛下奉迎…標旗手2名は選手団敬礼区間両端に位置
13時50分00秒　各国旗一斉掲揚…陸・海・空各旗章隊はスタンド周囲のポールに、海自旗章隊の一部は電光掲示板上3大ポールに各国旗等を一斉掲揚
13時58分00秒　天皇陛下式場のご臨場
13時59分00秒　日本国歌演奏…陸・海・空音楽隊演奏
14時00分00秒　選手団入場行進開始…標識隊の防大生「国名表示のプラカード」を持って各国選手団を先導、各音楽隊交互に行進曲演奏
14時45分00秒　選手団整列完了…標旗手2名退場
14時45分30秒　OOC会長挨拶
14時48分30秒　IOC会長歓迎の辞
14時52分00秒　開会宣言…陸上音楽隊のファンファーレ隊「ファンファーレ」を吹奏
14時53分30秒　オリンピック旗掲揚…海自旗章隊8名（幹部・海曹各1、海士6）オリンピック賛歌に合わせて南出入口より大会旗を搬入。インフィールドポールに掲揚（徒歩100歩、歩幅90センチ）

14時58分00秒　オリンピック旗の引き継ぎ
15時01分00秒　祝砲…オリンピック旗が東京都知事に渡された時、第1発を発射。以下5秒間隔で計3発発射（絵画館前広場）
15時03分00秒　聖火入場と点火
15時08分00秒　選手宣誓
15時09分00秒　放鳩
15時11分00秒　日本国歌斉唱…15時13分、空自のジェット機5機、5色の煙で競技場上空に五輪を描く（円の直径1800メートル、高度3000メートル）
15時17分00秒　天皇陛下ご退場
15時18分00秒　選手退場…標識隊の防大生が先導、陸・海・空音楽隊交互に行進曲演奏
15時43分00秒　退場完了

30秒単位で設定されているのがすごい。実際には選手団入場行進で間延びしがちな外国人選手の隊形の乱れが制しきれず5分ほどの遅れが生じたが、ある程度は想定内でもあったろう。この開会式、式典支援群はひとつの錯誤もなく完全に開会式の業務をこなした。

10月11日の読売新聞に掲載された作家の獅子文六氏の「開会式を見て」には、次のような一

開会式が終了し、選手が退場するシーン。この整然とした様子は閉会式では一転、各国の選手が自由に入り混じった。(陸上自衛隊)

節がある。

「さて、スタンド周辺の各国旗掲揚から、式が始まる。約100本あるのに実に手ぎわよく、一斉に、スラスラ上がる。自衛隊員お手柄である。旗係に限らず今度は、陸・海・空の自衛隊員が、実によく働いている。彼らなくして、開会式はできなかったと思うほどである」

アジア大会、国際スポーツ大会に続いて標旗手を務めた金田功3等陸曹は、第1普通科連隊が発行した新聞『式典』に掲載された次の記事を回顧録に書き残している。

「標旗手の内藤2曹、金田3曹、すでにオーダーメイドのきらびやかなユニホームもできあがり、連日訓練に励んでいるが、毎日6000メートルのロードトレーニングなどレンジャーで鍛えた訓練をそのまま地で行く体力向上運動、あとは2時間にわたって不動の姿勢の練習をして、この間、顔や衿《えり》にはいずるくもの子をとることもできず、じっとがまんをしているところは悲壮な感さえ受ける。自分たちで作ったやや無理と思われる訓練スケジュールを黙々と実施している姿は、誠に見ていて頼もしくたくましい。1日牛乳5本、玉子3個、果実とスタミナをつけることも怠らない。この努力と汗の結晶を大観衆はきっと感激の目をもって眺めるであろう」

また、開会式間近のある日、朝日新聞に「このふたりは地味だが大変な役である」という主旨の記事とともに金田3曹の写真が掲載され、「重責をかならず果たすこと」という思いを新たにしたという。

陸上旗章隊の小川洋之助3等陸曹は、いよいよ開会式となりハイになりがちなところを上司になだめられ、なんとか平常心を取り戻したという。回顧録には次のようにある。

「国旗掲揚の合図の黄色い旗はおろされた。今とばかり心に秒読みをし、左右の手は心なしかふるえていたようである。（中略）ついに上がった万国旗は、この快晴の東京の空の下に小気味よく風をはらんではためいた。世界はひとつ、平和であると感を深くし、今まで長い時間このことのために精進してきた苦労が、安堵感となって私の心は秋風のごとくさわやかであった」

朝雲新聞社発行の『東京オリンピック作戦』には、海自旗章隊の幹部自衛官の手記が載っている。それによると、開会式で国旗を掲揚した海上自衛隊の隊員のひとりは、自分の雄姿が新聞やテレビで放送されたり絵葉書になったりしたにもかかわらず、顔が小さくしか写ってないから原隊で誰も信じてくれなかったという。そこで隊長に「間違いなく本人である」という一筆を書いてもらったそうだ。隊員にとっても晴れがましい舞台だったのだ。なお、標識隊の防大生も数多くの手記を残しているが、それについては「防衛大学校の支援」の項目で紹介したい。

競技が始まると、今度は表彰式の協力で式典支援群は目のまわる忙しさとなった。最終的には表彰回数は156回におよび、旗章隊員のべ535名、音楽隊員のべ2263名が参加している。

閉会式の支援

やがて15日間の祭典の終わり告げる閉会式を迎えた。式次第は以下のとおりである。

16時40分00秒　閉式準備…各隊所定の配置につき、通信隊は通信連絡に任じた
16時58分00秒　天皇陛下式場にご臨場
16時59分00秒　日本国歌演奏…陸・海・空音楽隊演奏

17時00分00秒　旗手ならびに選手入場…標識隊の防大生各国旗手を先導、各音楽隊交互に行進曲演奏

17時25分00秒　旗手・選手整列完了…標旗手2名退場

17時25分00秒　国旗掲揚と国歌演奏…陸・海・空音楽隊はギリシャ、日本、メキシコ国家を演奏、陸自旗章隊は電光掲示板上3ポールに3国旗を掲揚

17時28分30秒　閉式宣言…陸上音楽隊のファンファーレ隊「ファンファーレ」を吹奏

17時30分30秒　聖火消滅

17時33分30秒　オリンピック旗の降納と退場…海自旗章隊8名（幹部・海曹各1、海士6）によってオリンピック賛歌に合わせてインフィールドポールから大会旗を降下、南出入口から搬送（徒歩90歩、歩幅90センチ）

17時37分30秒　礼砲…オリンピック旗退場後半から礼砲を10秒間隔で5発発射

17時38分30秒　別れの歌

17時40分00秒　旗手ならびに選手退場…標識隊の防大生が先導、陸・海・空音楽隊交互に行進曲演奏

18時15分00秒　天皇陛下ご退場

18時16分00秒　花火

閉会式当日に北ローデシアが独立、ザンビアと国名が改まったため、入場順も変わった。これに困ったのは標識隊だ。防大の標識隊は全選手団が整列したとき、ロイヤルボックスから標識手がすべて同じ身長に見えるよう配置されていた。整列した標識手の両端を背の高い者とし、中心を低い者で整列させることで、身長168センチから180センチまでがまるで同じ身長のように見せていたのに、ザンビアの入場順が65番目から93番目となったことで、隣り合う標識手の身長差が8センチにもなってしまったのだ。しかし実際には標識隊の8センチの身長差など、気にする者はいなかった。というのも、閉会式の入場行進は開会式とは一変、競技を終えた解放感もあって、選手団は列を作るどころか自由気ままに歩きながら入場する始末で、なかには標識手を担ぎ上げるなど大はしゃぎの選手もいたからだ。秒単位で進行させたい式典支援群の幹部は、この光景に卒倒しそうになったのではないか。

しかし面白いことに東京大会でのこの入場がきっかけとなり、以後の閉会式からはこのスタイルが定着することになった。今では競技の緊張から解放され、カメラやスマホ片手にリラックスした様子で入場してくる選手たちの姿は、すっかりおなじみの光景だ。式典支援群長の鎌沢致良1等陸佐は『東京オリンピック支援集団史』に、閉会式はまったく予期しない選手団の奔放な入場に一時は大いに憂慮したが、結果は予想外に好評であったこと、無事に閉会式も終えたときは感無量だったと記している。

式典支援群が協力業務を実施するにあたっては、いくつもの高いハードルがあった。まず、性格や任務を異にする部隊で編成されたため、まとめあげることの難しさ（大げさではなく言語すら違う）。次に防大の標識隊と海自旗章隊の、横須賀方面からの遠距離行動。複雑な部外との調整はもちろん、式の予行の結果によって、実施要領もめまぐるしく変更され振りまわされた。そして開・閉会式における秒単位の式次第の進行、表彰式における各競技場での分散行動など、いくつもの困難な条件下で任務を遂行しなければならなかった。それでも彼らはしっかり責務を果たし、オリンピックの円滑な進行を支えた。最初は不協和音もあったであろう式典支援群だが、みごとに統合運用を成功させたのだ。

ＯＯＣ参事の松沢一鶴氏は『東京オリンピック支援集団史』に次の文を寄稿している。少し長くなるが、自衛隊に対する親愛と感謝の思いがひしひしと伝わってくるので、その一部を紹介する。


現在の日本においては式典の多くのことを自衛隊なり支援集団にお願いしなければ、うまくゆかないことを感じていたので、先に立ってお願いしてまわっていただけに、今回の大会の成果は自衛隊なしにはあり得なかったこととして、感謝すると共に相共に喜びたい心もち

開会式でブルーインパルスが青空に描いた五輪模様。東京オリンピックを象徴する、後世に残るシーンとなった。(陸上自衛隊)

で一杯である。(中略)開・閉会式ならびに各競技の優勝儀礼式を含む式典関係だけを考えても、支援の範囲は(中略)実に範囲の広い作戦であった。そのすべてに気合いがかかっていたことは、標旗の展開のような比較的小さなことに対しても一般観客から大きな拍手が沸き起こったことだけでも立証し得られると思う。さらに一般からは見えぬところで、参加しておられる隊員はまったく式典を見ないで重要任務についていた方が多くあったが、ここに深く敬意を表したい。その責任感があったればこそ得られた大会の成功であるからである。たとえば通信連絡員や祝砲隊のごときである。(中略)音楽隊もあれだけの大部隊が長時間一斉に連続演奏した努力は、場内の特殊音響装置と相まって式典、さらに開会式を引き締めたことは案外多くの人が知らないことであるだけに特に記しておかなければならないであろう。（中略）そして閉会式において楽しい乱れを展開したが、防大生の一団が一筋しっかりした心が通っていたために破たんをきたさずに済んだことは特に御礼を申し上げなければならぬところであろう。（中略）ブルーインパルスの人たちに無理をお願いして当日まで待機していただいておっただけに、当日の朝の抜けるような晴天を仰ぎ見た時は、うれしかったというよりホッとした気持ちのほうが先であり、よかったというより救われた心もちでいっぱいであった。五輪も無事に適時に入間基地で見たどれよりも立派に描けた。まったくラッキーだったというよりほかはないのであるが、これもあれも人事を尽くした上でのことであったことも忘れてはならない。今回の大会を通じて見て自衛隊の忍耐と努力に対してはただ感謝以外の言葉がない。

松沢氏は東京大会のあと、1965年1月に脳卒中により急逝、この寄稿が絶筆となってしまった。『東京オリンピック支援集団史』ではこの寄稿文の最後に、「文章のいたるところ自衛隊に対するご親情があふれていて、涙を禁じ得ません。謹んでご冥福をお祈りします」という言葉を添えている。

近代五種競技と大賞典馬術競技支援

「近代五種ってなに？」からスタート

近代五種支援隊は新潟県高田駐屯地の第2普通科連隊を基幹とし、第30普通科連隊（新発田駐屯地）の5名を加えた215名で構成された。

協力業務は次のとおり。

●馬術補助審判
●馬術障害物の維持
●馬術選手の前後検量
●断郊《だんこう》コースの標示と維持および走者の監視
●記録・成績の掲示と呼び出し
●競技運営本部などの設置・維持および撤去
●馬術および断郊競技コースの保守
●成績掲示板および天幕などの輸送
●競技運営に必要な通信

やること満載、盛りだくさんである。「断郊」とは聞き慣れない言葉だが、郊外の田野や森林などを横断する、つまりクロスカントリーのことだ。また、大賞典馬術《だいしょうてんばじゅつ》競技の支援も近代五種支援隊が担当し、以下の協力業務を行なった。

- 馬場馬術用可動馬場柵の設置・撤収および入口扉の開閉
- 障害物の維持
- 大賞典障害飛越競技用障害物の設置と撤収
- 大賞典障害飛越競技用障害物の競技場への輸送

近代五種競技は、近代オリンピックの提唱者であるクーベルタン男爵が考案、創設した「オリンピック生まれ」の競技で、馬術、水泳、フェンシング、射撃、断郊（現在は断郊ではなくランニング。さらに射撃とランニングを交互に競技するので、2つの種目を合わせてコンバインドと呼ばれている）からなる。もとは男子のみの競技だったが、2000年のシドニー大会からは女子種目も加わった。

当然ながら日本の近代五種競技の歴史は浅く、選手を出している自衛隊ですら、当時はほとんど知られていないのが実情だった。そのため、支援基幹要員は「近代五種とはどのような競

近代五種競技の最後の種目、断郊競技の会場でコースの標示、維持、保守にあたる隊員。現在の近代五種では見られない光景だ。(陸上自衛隊)

技か?」という、競技そのものの内容を認識するところから始めなければならなかった。しかも第2普通科連隊には、スポーツ大会支援の経験がなかった。経験値ゼロからのスタートである。

1964年5月、支援要員の幹部など15名が選手選考競技会を見学し、初めて近代五種競技を間近に見た。ただその後も新潟という地理的特性もあり具体的な訓練はかなわず、座学程度しか行なえなかった。オリンピックまであと5カ月の時点でこれである。

さらに同年6月中旬から7月下旬にかけては、死者26名を出した新潟地震や、1万3970戸が床下浸水するなどの被害をもたらした豪雨に対する災害派遣に追われた。

近代五種支援隊長の青木修兵衛2等陸佐は『東京オリンピック支援集団史』に、集結地である朝霞駐屯地に行くまで、支援任務達成のための具体的な計画を立てることもできず、事前教育もろくにできなかった隊員が、華やかなオリンピックの会場で厳正かつスマートに行動できるのか不安を抱いたと記している。無理もない。

しかし、環境が整ってからの自衛隊というのは、驚異的な忍耐力や愚直なまでの真面目さで、周囲も驚くほどの成長、上達を見せる。近代五種支援隊も例に漏れず、充実した訓練ができるようになった8月の編成完結後はめきめきと練度を上げ、訓練の内容も部分訓練から総合訓練が中心になっていった。

とくに技術上の問題で協力に多くのハードルが待ち構えていると予想される馬術については、近代五種競技連合馬術部の協力を得て座学を受け、さらに現在の西東京市にある東伏見早大きゅう舎で、馬の取り扱いの実地教育なども行なった。

小池武典1等陸士の手記によると、近代五種連盟の人から「馬は非常に臆病な動物」と言われたそうだが「臆病なのはわれわれのほう」で、最初は「オーラオーラ」の掛け声もか細く、馬の顔色をうかがって近づく始末だったという。手綱を持っては馬に引かれるという、笑うに笑えない光景も繰り広げられたようだが、そこはさすがの自衛隊、最後は馬に乗ってグラウン

馬の扱いに慣れていない隊員たちは、最初は及び腰だったという。しかし日を追うごとに慣れていき、競技についても完全に把握した。(陸上自衛隊)

ドを1周できるようになった隊員も現れたという。

一方、馬術競技の補助審判を務めた桑原京平3等陸曹によると、馬術競技にまったくの素人である自分たちに審判ができるのかと不安は募るばかり、しかも規約が細部まで網羅されていなかったため「考えれば考えるほどわからなくなった」こともあったという。

さらにはその規約自体も競技直前まで変更が生じたというから、現場の苦労と混乱がしのばれる。隊員たちは不明な点はメモしておき、関係者に直接質問することもたびたびだったそうだ。日本での歴史の浅い競技ゆえの混乱かもしれない。

「まるで石うすみたい」な馬術障害物

大賞典馬場馬術は馬術競技のひとつだ。オリンピックでは馬術競技のうち、演技の正確さや美しさを競う馬場馬術、コース上に設置された障害物を飛越しながらミスなく走る障害馬術、そして馬場と障害の2種目に耐久競技（クロスカントリー走行）を加えた3種目を同じ人馬で競う総合馬術競技の3種目が行なわれる。

総合馬術競技は後述するが、総合馬術競技耐久コース設置のため軽井沢の会場で行なわれた。東京都内では馬場馬術と障害馬術の2種目が行なわれ、それぞれ大賞典馬場馬術、大賞典障害飛越競技と称された。

余談になるが、大賞典馬術競技は1932年のロサンゼルス大会で、ウラヌス号に騎乗した西竹一中尉が金メダルを獲得した種目でもある。それだけではピンと来ない人でも、映画『硫黄島からの手紙』に登場した、戦車第二十六連隊を率いるバロン西といえばわかるかもしれない。

大賞典馬術競技については、近代五種競技の馬術競技と支援内容が重複する部分も少なくなかったため、技術的な点での特別な訓練は必要としなかった。といっても、支援するために必要な訓練はもちろん行なわれた。

大賞典障害飛越競技を支援した北村和彦陸士長は訓練の際、障害物が「まるで石うすみたい」で、その大きさ、重量に衝撃を受けたという。肩にかつぐとあまりの重さに腰が曲がる。そんな恰好で閉会式に集まった観客の前を歩いたら笑い者になると心配した。「自衛隊の支援は自衛隊のみが評価されるのではなく、日本全部に通じるもの」という上司の言葉が頭の中をめぐったという。

近代五種支援隊最大の難関であり最大の見せ場となった任務は、実はこの大賞典馬術競技にあった。それは「障害物撤去」という一見なんの変哲もない作業なのだが、その話は後回しにして、まずは協力業務の実施について時系列で追ってみる。

1964年10月11日、近代五種競技は朝霞根津地区で馬術競技からスタートした。12日は早大記念会堂でフェンシング、13日は朝霞の25メートル射場でピストル射撃が行なわれた。ピストル射撃については、射線《しゃせん》と監的《かんてき》業務は近代五種支援隊ではなくライフル支援隊が行なっている。4日目は国立競技場のプールで競泳、そして最終種目の断郊競技は、千葉市検見川の東大総合グラウンドで全長400メートル、高低差約100メートル以上というコースで行なわれた。

連日、競技と会場が変わるのは当時の近代五種競技ならではの特色だが、支援する側にとってはどれほど大変だったことだろう。実際、各競技を支援しつつ次の支援の準備を行なうという、目まぐるしい5日間だったようだ。

ちなみに現在のオリンピックでは、近代五種はなんと1日ですべての競技を行なう。フェンシングの対戦数が減ったことや断郊からコンバインドへの変更はあるが、これだけ異なる種類の競技を1日でこなすとは、選手の心身は極限の状態まで追い込まれるのではないか。近代五種の勝者とは、間違いなくアスリートの頂点のひとつといえるだろう。

閉会式までのわずかな時間に圧巻の障害物撤去

続いての支援は大賞典馬術競技だ。これは前述したように大賞典馬場馬術と大賞典障害飛越競技からなり、10月22日からオリンピック最終日にあたる24日まで行なわれた。

最初に行なわれた馬場馬術は馬事公苑、24日に行なわれた飛越競技は、国立競技場のフィールド芝生が会場だった。近代五種競技の支援の際には、支援隊の隊員は各地に分散して協力業務を行なっていたが、24日は全隊員が国立競技場に投入され、障害物の維持、障害物前後の整地作業、馬場出入口柵の開閉などの業務を担当した。

この日は天皇、皇后両陛下がおいでになり、午前の競技をご覧になっている。近代五種支援隊はこのもっとも華々しい場で訓練の成果を発揮、これまでの苦労も報われ、胸の震える思いだったかもしれない。

しかもそれだけではない。最大の難関であり最大の見せ場は、まさに大賞典障害飛越競技終了後にあった。

競技終了後から表彰式までは15分。そのわずかな時間で、馬場柵や障害構成部品などいっさいを撤去し、馬術表彰式から引き続き行なわれる閉会式会場の広場を整える必要があったのだ。

撤去する大小の障害物は740点にもなる。短時間に撤去するには相当な訓練が必要だ。ところがOOCの障害物調達の入札、発注、業者の朝霞新倉地区への納品などの遅延といった混乱で、本番までに十分な訓練回数を重ねることができなかった。国立競技場での訓練にいたっては、なんと前日の23日夜間、障害物搬入直後に行なったただ一度のみだ。当事者でなくても心配になる。

多数の障害物は多種多様で雑然としており、運搬しにくいものばかり。しかも観客席から何万という視線が、撤去作業を行なう隊員に注がれる。この作業の間、支援隊長はどっしり構えていられたのか、それとも胃が痛くなる思いだったのか。

しかし、13分30秒で撤去作業をきっちり終わらせ、表彰式とその後に続くオリンピックの最後を飾る閉会式に、まったく支障が生じることはなかった。

防衛庁の記録では「この作業の進行ぶりは観衆に多大な好感を与えた」と控えめに記しているものの、OOCの公式報告書と文部省発行のいずれの記録にも「競技終了から表彰のファンファーレ吹奏までの15分間に約700点におよぶ障害物を撤去するという難事を、13分30秒で完了させた」と明記されている。公式記録に特筆すべき働きとして記載されたのだ。てきぱきとした働きぶりは、国立競技場に集まった観衆にとっても、競技の観戦とはまた違った新鮮な驚きや、そして「すごいね」と純粋に感心する思いがあったのではないだろうか。

こうして、近代五種支援隊は近代五種競技と大賞典馬術競技を東京、埼玉、千葉県下の7競技場において、8日間にわたりのべ776名で協力した。選手や役員から不満や抗議の声が上がることは皆無、不測の事故なども1件もなく、その任務を完遂した。そして国際近代五種連合会長トフェルト准将（スウェーデン）や日本近代五種連合会長をはじめとする多数の関係役員からは、謝辞と賛辞が寄せられた。

日本近代五種競技連合の副会長である藤井舜次氏は『オリンピック支援集団史』に、「競技の運営は支援隊があったからこそ出来たので、若し支援隊がなかったらどんな結果に成ったろう。（中略）競技連合からは無理な御願いもしたかもしれないし、連絡不十分な事もあったかもしれないが、梅沢支援集団長始め実地に支援を担当された支援隊長及び隊員の皆様の御苦労に厚く感謝申上げる」という一文を贈っている。

「近代五種競技とはなんぞや」というところから始めて5カ月。近代五種支援隊、おみごとでした。

総合馬術競技支援

なじみのない競技、早くから準備を開始

大賞典馬術競技の項目でも少し触れたが、ここでは馬場馬術、障害馬術、耐久競技の3種目を同じ人馬で戦い抜く総合馬術競技について紹介する。総合馬術競技の支援はその国の陸軍が担当するのが慣例となっているが、これはかつての陸軍には、その花形兵科だった騎兵があったことに由来しているのだろう。

馬術競技を支援する馬術支援隊は、第9特科連隊（岩手駐屯地）第2大隊長を隊長とし、第9師団を基幹とする東北方面隊11の駐屯地、33の部隊から選抜された327名によって構成された。

協力業務の内訳は次のとおり。

- 馬場馬術の可動馬場柵の設置と撤収
- 選手出入口扉の開閉
- 耐久競技の補助審判
- 耐久競技での障害物の保守

●耐久競技での固定障害物の軽微な補修
●障害飛越競技の移動障害地域の整地
●D地区の競技実施中におけるコースの保守、給電、給水、分列式、表彰、得点掲示

ちなみに「耐久競技の補助審判」は、一度は防衛庁が「自分たちが担当すべき類のものではない」と支援を断った項目だ。OOCから「そこをなんとか」と再度頼まれ、受け入れたといういわくつきの協力業務である。

このほか、競技コース下見のためや国際審判員の輸送業務、通信も担当した。また急患輸送のための航空輸送も担ったほか、落馬などの事故が起こると大ケガにつながる危険がある競技ゆえ、救急業務も協力事項となっていた。

馬術支援隊に、もともと馬に親しんでいたという隊員は、いたとしてもごく少数だったはずだ。ましてや馬術競技がどんなものか、承知していた隊員はほとんどいなかったと思われる。そのため「そもそも馬術競技とは?」というところから始める必要があったが、スタートは早かった。

編成完結よりさかのぼること11カ月、1963年10月に七戸で開催された総合馬術審査会に、馬術支援隊の基幹要員が参加した。支援隊長をはじめ幹部42名、曹士162名が参加した

というから、支援隊の約半数にもなる。この経験によって、まずは総合馬術競技協力の内容をおおむね把握することができた。オリンピック開催の1年近く前にこのような大会が東北で開催されたのは、馬術支援隊にとってラッキーだったといえる。

また、一度は断った審判業務についても、引き受けたからには完璧を目指すのが自衛隊。1964年5月から1週間、馬術連盟から講師を招いて審判教育を行なった。これには補助審判予定者の幹部35名、曹士35名の計70名が参加、複雑な業務内容をしっかり会得した。

さらに8月15日から3日間の役員強化訓練には238名が参加。これら3回の教育訓練の機会を得られたことで、馬術支援隊の準備は順調に進み、編成完結後は競技が行なわれる軽井沢の馬術競技場で練度を高める手はずとなっていた。

馬術支援隊長である中山勉2等陸佐が『オリンピック支援集団史』に残した記録によれば、支援のためには2つの点に気をつけなければならないと感じたそうだ。まずひとつは、33もの部隊から編成される混成部隊のため、団結力を育むこと。そしてもうひとつは、支援隊員は国内外多数の人々の前で行動、しかも、もともと隊員が所属している部隊から長期間離れるため、規律が乱れないようにすることだった。そのため「口先だけで団結だの規律の刷新など言ったところでものにならない」と、顔を合わせる機会を意識して増やし、さらに幹部自衛官も含めて規律訓練を徹底的に行なうことにしたという。幹部自衛官とは旧軍の少尉以上の士官に相当する。

気をつけ、右へならえ、右向け右、回れ右などといった単調な動作を繰り返す規律訓練は、自衛隊に入隊して最初に受ける教育でさんざん繰り返されるものだ。いわば自衛官にとって基礎の基礎にあたる動作を、陸士や陸曹と一緒になって幹部自衛官も行なうというのは、かなり異例な光景だったと思われる。

実際、中山2佐も「幹部にまでも列兵として動作をさせることは若干不安もなかったわけではない」とつづっている。しかし、全隊員で同じ目的に向かって進むという意識を芽生えさせるため、この規律訓練は試合会場である軽井沢に移動してからも毎朝1時間、欠かさず続けたという。

ところがここで予想外の出来事が起きた。軽井沢に進出したというのに、肝心の馬術競技場の準備が遅れており、競技場内での訓練ができなかったのだ。支援隊側は「ふざけんな」という思いだったかもしれないが、できていないものは仕方がない。やむをえず、砂盤（砂や土などで作った簡易の地形模型）や資器材などの模型を使って訓練した。

それだけではない。国際馬術連盟役員は日本に対し、何度も施設の改修を命じてきた。この期に及んでという感じだが、原因は総合馬術競技を行なう施設として国際的な水準に達していなかった日本にある。そしてこの改修にあたっては、当然ながら自衛隊にお鉢がまわってくる。日本馬術連盟からは予定にはなかったさまざまな支援要請が相次いだ。自衛隊は怒らないし、不満を言わないし、もはや断らない。早朝から深夜までそれらの要請にしっかり応え、空いた時間は訓練に励んだ。結局、競技場の準備が整ったのは競技開始日間近だった。

トラブル皆無、賞賛される働きぶり

競技は10月16・17日は馬場馬術、18日は耐久競技、そして19日に障害馬術ならびに表彰式という流れだった。馬術支援隊はまず、馬場馬術において馬場柵の設置、撤収、馬場柵扉の開閉、馬場の整地および得点掲示を行なった。

この協力は同じことを繰り返す単純作業だ。同じ場所に置いたりしまったり、扉を開けたり閉めたり。単調すぎて節度が失われることを心配した馬場馬術支援隊の部隊長は、手旗と笛を併用して指揮したという。また、この部隊長が発案した整地車が大いに活躍し、短時間で馬場の整地が完了できた。

総合馬術競技の中でもっとも花形競技である耐久競技には、全選手が参加した。試合当日は悪天候にもかかわらず、支援隊は競技開始1時間前には所定の配置について協力態勢を完了。あいにくヘリだけは荒天のため競技場のヘリポートに飛来できず、スケートセンターで待機することになった。

専門家からレクチャーを受ける馬術支援隊。知識ゼロの状態から補助審判を行なえるまでになり、関係者から賞賛された。（陸上自衛隊）

競技では補助審判、障害保守、警戒、給電、給水、通信および救急等の協力を行なった。耐久競技のクロスカントリー区間の補助審判を担当する隊員がルールや審判動作などを猛勉強してから現地に臨んだのは、前述したとおりだ。日本馬術連盟常任理事の青山幸高氏によれば、本番直前に国際馬術連盟の技術代表による講習の際には、彼らはすっかり審判業務の内容をマスターしていて、むしろさまざまな状況を想定して質問を連発。技術代表は講習会後「どちらが講習を受けたのかわからなかった」と驚いていたそうだ。

そして、19日の障害馬術競技と表彰式も滞りなく終了した（会場の軽井沢へ音楽隊の遠征が困難だったのか、表彰式の奏楽は長野県警音楽隊が担当した）。

馬術支援隊は6日間にわたり、のべ408名で総合馬術競技に協力した。心配されていた補助審判業務をはじめ、1件の問題もトラブルも起きることはなかった。馬術競技の運営を直接指導した国際技術代表のド・マンタン氏（ベルギー）は、「自衛隊の動作は規律正しく、態度は厳正であり、審判業務はきわめて正確だった。また通信連絡も簡単明瞭に行ない、その技術には敬服した」と感謝の言葉を述べている。

さらに日本馬術連盟は「自衛隊の力を借りなければこの競技は行なうことができなかった」と謝意を表した。これらは自衛隊に対する最大級の賛辞と受け止めていいだろう。

なお『東京オリンピック支援集団史』の青山氏の寄稿に、支援隊がどれほど現地で苦労したかが垣間見える一節があるので抜粋する。

連絡が適時適切にできなかったり、次から次へ新事態が発生し、基本的に調整されたことを現場で臨機応変的に改めなければならない事が起こり、随分ご迷惑をおかけしたと思うが、少しもイヤな顔をされることなくこちらの無理な御願いも快く聞き届けてくださって、積極的にご支援くださった。（中略）若しあの軽井沢の耐久コースの造成を陸上自衛隊の建設または施設部隊にお願いすることができたならもっと立派なものができたろうし、また競技直前において国際馬術連盟技術代表から次々に指令された改修補修等の工事も、もっと手際よく出来たのではなかろうかと思うと、この点、準備の初期からさらに積極的にお願いすべきだったと悔やまれる。

なまじ仕事ができすぎると、こんな風に頼られてしまうのかもしれない。「自衛隊は使えない」と嘆息されるよりはいいのかもしれないが、悩ましいところだ。

ライフル射撃競技支援

「同業者」の支援という重い重圧

ライフル射撃競技の支援は、第31普通科連隊（朝霞駐屯地）を基幹とし、第1師団の隊員762名からなるライフル射撃支援隊が担任した。この協力業務は次のとおり。

- 射撃指揮の補助
- 射撃の記録
- 射撃動作の監視補助

●監的《かんてき》業務
●標的審査の補助
●競技実施中の会場内の監視
●射線と標的交換をする監的壕間および競技運営本部と各射撃場間の通信
●競技役員の射場区域内における輸送

競技の会場が、支援隊の中心となる第31普通科連隊が所在する朝霞駐屯地内の朝霞射撃場であったことは、会場が点在していた近代五種競技や地の利のない軽井沢で行なわれた馬術競技などに比べ、非常に恵まれていたといえるだろう。しかも1963年10月に開催されたプレオリンピックの東京国際スポーツ大会でも、支援隊長以下270名が5日間にわたってライフル射撃を支援したので、その際に約50日間の基幹要員訓練、約40日間の部隊訓練を行なっていた。

そのため、ライフル射撃支援準備室が設置されたのは1964年7月と、こちらが焦ってしまうほどのスロースタートである。それだけ素地があったからで、まずはどんな競技かを学ぶところから始めなければならなかった競技の支援を担当した部隊にしてみれば、ふだん勤務している駐屯地で経験済みのことを支援するというのは、なんともうらやましかったのではないだろうか。

ライフル射撃ならではの面白い訓練としては、米軍横田基地の射撃クラブ員約50名の射撃競技会に協力し、幹部自ら採点手や監的手をしたことが挙げられる。外国人と接触があったということ自体も、支援隊にとって貴重な経験になったらしい。8月半ばからは部隊訓練開始、下旬には全日本選手権大会の支援を行なった。

ライフル射撃支援隊50メートル射場隊の監的勤務員だった石田尾勝憲3等陸曹は、『東京オリンピック支援集団史』に訓練の様子を記している。それによれば、いかに選手が気持ちよく安心して射撃ができるかを、常に念頭に置いて訓練したという。たとえば記録手の記録方法にしても、どうすればより迅速かつ確実な記録ができるか、監的手の示点方法にしても、選手にもっともわかりやすい表示方法はどれかなど、疑問点が出るたびに話し合い修正し、ひたすら単調な訓練を繰り返したという。

緊張の糸がゆるんだのか、公式練習の支援中に2、3回の失敗があった。射場隊長から「本番をあと数日後に控え、こんなことでどうする。われわれは日本軍隊の代表として勤務しているのだ。この重責を完全に遂行しなければならない」と叱られ、あらためて気持ちを引き締めたという。

このほか、7月から米軍横田基地のウエデル伍長を講師として、59名に対して語学教育を計

ライフル射撃の会場となった朝霞射撃場は現在も使用されている。2020年東京オリンピックでは仮設施設が建設される。(陸上自衛隊)

24時間実施した。選手村や輸送に関わる隊員は語学教育を受けているが、競技支援隊でこのような正式なかたちでの語学教育をしたケースはきわめて珍しい。つまり、この時期に語学教育に時間を割けるほど、ライフル射撃の支援準備には余裕があったということだ。そして同時に、この競技の持つ特殊性が、語学の必要性を支援隊に意識させたことも十分考えられる。それは、ライフル射撃の選手には軍人が多いということだ。ルールから学ぶ競技の支援を行なう部隊からは一見うらやましく思えるライフル射撃支援かもしれないが、実際は「同業者相手に決してみっともない姿は見せられない」という大きなプレッシャーを背負っている支援でもあったのだ。支援準備に余裕がある、イコール準備が楽である、ということではなかった。

防衛庁の記録によれば、「射場勤務以外の分野においても他国の軍隊に劣らないように特に留意して、精神教育および基本訓練等を実施した」とある。最低限の英語力がないと、自衛隊そのものの評価が下がるという懸念があったとしても不思議ではない。また、ライフル協会の理事長、副理事長を招いて講話を聴く機会も設けた。これは人間関係の構築にも大いに役立ったそうだ。

支援の準備は「夏からで間に合う」という姿勢だったが、実際の支援が始まったのは早かった。出場する選手たちの練習の支援があったからだ。9月15日から競技が始まる10月13日までの28日間、台風の日ですら休むことなく、6種目計51カ国、のべ1822名の選手の練習を支援した。

計60枚の的をひたすら貼り替え続ける

射場には25メートル、50メートル、300メートルがあり、支援隊員はそれぞれ担当の射場を割り当てられていた。

25メートル射場は95名が担当したが、近距離射場だけに観衆の目も近く、注視のなか、目立つことに慣れていない隊員たち、さぞや緊張したことだろう。観衆の支援を浴びつつ射撃指揮の補助・監的・得点の読み上げおよび表示、審査の補助、記録などを実施したが、隊員は動作や態度のみならず、数字の書き方や発声にいたるまで細心の注意を払ったという。なお、この射場では最初に近代五種ピストル射撃が行なわれたのだが、その際、選手のひとりが覚せい剤を使用しトラブルが発生したという記録が残っている。詳細は不明だが、25メートル射場支援の責任者である射場長の的確な証言が運営委員会の判断の参考となり、競技に混乱はなかった。

このほか、25メートル射場はラピッドファイアピストル射撃でも使われた。この競技は進行のテンポが速く射手の動作が変化に富んでいるので、観衆の盛り上がりも大きかった。とくに採点手である支援隊員の迅速かつ正確な点数表示は、整然とした動作もあって各国選手や役員の注目を集めたという。おそらく一生懸命とか、誠心誠意、そういう言葉が隊員からにじみ出ている仕事ぶりだったに違いない。点数表示が自動化されている現在では、もう見ることのできない雄姿である。

300メートル射場では、射撃競技としてはもっとも伝統のあるフリーライフルが行なわれた。この競技の選手のほとんどは軍人だ。個々の動作のひとつひとつが自衛隊の評価につながるものとして、隊員たちの緊張度は一段と増した。しかもこの競技は長い。支援は連続6時間半にもおよび、132名の監的勤務員はその間、食事（いなりずしとの記録が残っている）は

監的壕から的を見上げる支援隊員。この姿勢で最長6時間半を過ごす。選手の顔は見えなくても心は通い合った。(陸上自衛隊)

立ったまま、トイレにも行けないので水分の摂取も控えるなど、肉体的・精神的負担も大きかった。防衛庁の記録には「煙草ものまず」という一節もあった。時代を感じる。

監的勤務員がいるのは選手から300メートル離れた標的の下、深さ2メートルの監的壕の中だ。弾が当たるとすぐに標的を下ろして弾着を調べ、長い棒で標的の上に点数を示し選手に伝える。そして射撃2発につき1枚ずつ、計60枚の的をひたすら貼り替え続ける。この的の上げ下ろしのタイミングも非常に重要で、選手の呼吸とぴったり合っていないと、選手の集中力や精神安定に支障をきたす。選手と監的勤務員はお互いに姿は見えないものの、両者の息が合ってはじめていい成績が生まれるのだ。だから監的勤務員は、自分が担当している顔のわからない300メートル先の選手の勝利を祈りつつ作業した。これはスモールボアライフルやフリーピストルの行なわれる50メートル射場でも同様だった。

雨が降ればずぶ濡れ、晴れれば的が反射して目が痛む。けれど選手は6時間半以内に120発撃てばいいルールなので、その間は緊張の糸をゆるめるわけにはいかない。思い出したようにときどき撃つ選手、機関銃のように一気に撃ちまくる選手など十人十色で、隊員は「いつ撃ってくるか」と、標的を見上げたままの姿勢を保っていなければならなかった。

『東京オリンピック支援集団史』によれば、ライフル射撃支援隊長の倉重翼1等陸佐は、新聞記者に「各国選手が一様に自衛隊の支援を素晴らしいと絶賛しているが、このような支援ができた秘訣や苦心談を聞かせて欲しい」と取材された。倉重1佐の脳裏に、隊員たちに課した厳しい訓練の日々がよみがえってくる。射場内外での支援隊員の行動が軍人の目で評価されるという重圧に打ち克てるよう、注意力と忍耐心の養成、ルールの研究、規律訓練の徹底など、射撃勤務に直接関係のないものまで試験、検閲を強行した。それは落伍者が出るほど厳しいものだった。これが、支援準備に余裕があるといえども楽ではないと前述したゆえんだ。

公式練習が始まってからは1カ月近く、休みなしで支援を続けた。そしてこうやって本番を迎え、隊員たちはこれまでの成果を存分に発揮し、こうして高い評価を得ている。梅沢支援集団長が支援上の心構えのひとつとして示していた「縁の下の力持ちに徹せよ」を承知していたものの、倉重1佐は「新聞記者の質問に対して部下の苦労に思いを馳せ、つい口を滑らし翌朝の新聞に載せられ反省」したとある。軍隊が傲慢であってはならないが、自衛隊の謙虚さは今も昔も突き抜けている。

18名がオリンピック新記録、3名が世界新記録

50メートル射場ではスモールボアライフル伏射、フリーピストル、スモールボアライフル3姿勢が行なわれた。この射場ではちょっとしたサプライズがあった。スモールボアライフル伏射は73名の選手が参加したのだが、そのうち18名がオリンピック新記録、さらに上位3名が世界新記録という予想外の好成績を収めたのだ。

52名の選手が参加したフリーピストル射撃は、朝から雨という最悪のコンディションだった。標的は雨に叩かれ、弾痕補修のテープは濡れてくっつかず、監的壕で弾着を待って標的を見上げる隊員の顔には雨が降り注ぐ。雨天だからと訓練が中止されるわけではないし、軍人は傘をささないので、自衛官は日頃から雨に濡れることには慣れている。しかしオリンピックの競技支援という特殊な状況下での全身ずぶ濡れは、当然ながら初体験だ。隊員の苦労は大変なものだったが、この日は荒天にもかかわらず皇太子殿下がご来場され、隊員たちの大きな励み

単調な作業ながら一瞬たりとも気を抜けない支援。選手の多くが軍人であることも隊員にとっては大きなプレッシャーとなった。（陸上自衛隊）

となった。さらに期待されていた日本の吉川貴久《よしひさ》選手（福岡県警）がローマ大会に続き銅メダルを獲得、日の丸が揚がったことは隊員の苦労を吹き飛ばしてくれるうれしい出来事だった。

３００メートルと50メートル射場の射撃が終わった標的を確認、分類、整理して標的審査室に運搬するのは、標的整理班14名の仕事だ。またロッカー室や射場の警戒、通信網の構成と交換勤務員、資材および協会役員の輸送など、付帯する業務を担当したのは59名の射場勤務隊だ。観衆や他国軍人の目を意識しつつという、ある意味、華のある仕事を支える、このような裏方の裏方ともいえる存在があったことも忘れてはならない。

予想以上の支援で期待に応える

ライフル射撃支援隊は6日間にわたり6種目計52カ国、のべ294名の選手を迎え、射場勤務から成績審査の補助にいたるまで、競技運営の主要部分を担当した。フリーライフル競技で世界新記録を樹立して優勝したアンダーソン選手（アメリカ）は記者会見で、「今までにこのようにすばらしく運営された大会に参加したことはない。用意していた望遠鏡をほとんど使わなかった。標的はタイミングよく上下され、その操作は機械より正確で、私はただ冷静に銃を構えるだけでよかった。世界新記録で優勝できたのは、まったく協力隊員のおかげである」と絶賛した。

この言葉が嘘でないことは、彼が優勝を決めた際、自分の標的を担当した1等陸士の監的勤務員ふたりと肩を叩いて喜び合い、ふたりのサインを所望したことからもわかる。監的勤務員は世界新記録を表示した記念の示点表にサインしてアンダーソン選手に贈っている。

従来、射撃は世界選手権で出た記録をオリンピックで更新することは難しいとされている。ところがこの東京大会ではそのジンクスが破られた。これは選手の技量あってのことだが、整った設備に加え、選手と心をひとつにして支援した隊員の健闘が大きな力になったことは間違いない。

採点手だった吉丸重政陸士長は「任務完遂に大きな役割を果たしてくれたのは、選手と採点手との心の結びつき」と残している。言葉が通じなくても、選手の笑顔が感謝の意を表していることはわかったし、ノルウェー選手からサインを求められたという。また射撃界の長老である国際射撃連合事務総長チンメンアン氏（ドイツ）は、「私は50年にわたる射撃歴においてこれほど立派な協力を見たことない」と語っている。

すでにこの競技の支援経験もあり、語学教育をしたり講話を聞いたりと事前準備は余裕すら見え、しかも競技会場は自分たちのいる駐屯地と、そこだけを見れば「おいしいところをいただいた支援」と思えるかもしれない。しかし軍人相手という大きなプレッシャー、9月から不休で行なわれた練習への支援、世界新記録が複数出るほど環境の整った射場の提供と質の高い仕事、さらにどれほどの荒天下でもしっかり任務を完遂していることなど、やはり大したものである。

クレー射撃競技支援

1万発以上のクレーを射出

オリンピックの射撃競技には、ライフル射撃のほか、このクレー射撃がある。クレー射撃は、空中に射出されたクレーと呼ばれる皿を散弾銃で射撃する競技だ。1976年のモントリオールオリンピックに、麻生太郎氏（現・副総理兼財務相）が日本代表として出場したことでも知られている。協力業務は次のとおり。

- ●プーラー係
- ●トラップ係
- ●記録係
- ●連絡係
- ●競技実施中における場内の監視
- ●競技運営に必要な通信

支援を担当したのは航空自衛隊で、第2航空教育隊（熊谷基地）の隊員と第10期空曹候補者114名によりクレー射撃支援隊が編成された。なじみのうすい競技ではあったが、1963年の国際スポーツ大会での支援が大きな経験値となった。

1964年8月25〜27日にはクレー射出の役割を担うプーラー要員に対し、射出タイミングをつかむための特別訓練が行なわれ、6名で約5400個のクレーを発射した。8月28〜30日に行なわれた全日本トラップ射撃選手権兼オリンピック選手最終予選競技会では、トラップ係

1名に対し平均680個、プーラー係1名に対し平均3400個のクレーを発射した。

オリンピックは天候に恵まれた10月15～17日、28の参加国、51名の選手を迎えて開催された。会場は埼玉県所沢市の所沢クレー射撃場だ。当初はライフル射撃と同じ朝霞駐屯地内の朝霞射撃場が予定されたが、ここが手狭だったために所沢に設置された。オリンピック終了後は閉鎖されて高校の敷地などに転用されたというから、現在も射撃場として使われている朝霞に比べ、きわめて短命の会場だったことになる。

支援隊はクレーの装塡、発射、記録、連絡、場内監視などの業務を行なったが、このうちもっともプレッシャーのかかる支援といえば、やはりプーラー係のクレーの射出だろう。クレー射撃では、射手がクレーの発射のタイミングを声で知らせる。それに合わせ、早すぎず遅すぎずタイミングよく射出することが結果にも影響してくるため、プーラー係は極度の緊張を強いられた。その反面、プーラー要員だった栗原義雄2等空曹は、『東京オリンピック支援集団史』に「1ラウンド25発全弾命中が出た時のプーラーのうれしさ、感激は、プーラーを経験した人でないかぎり味わえない」と記している。きつい分、味わえる達成感もそれだけ大きいのだろう。

支援隊は1日の競技に標的投てきを約140個、プーラー約700個をそれぞれ1隊員が操作。3日間にわたり約1万1000発のクレーを射出して協力を行なったが、競技記録の整理なども含め、1回のミスもなく任務を完遂した。

練習の際は、くしゃみや子どもの泣き声に驚いて思わずボタンを押してしまったり、ジェット機の騒音に気を取られて押すのが遅れてしまったりといった失敗も数知れず。しかし本番では完璧な仕事をしたのだ。また、イタリアの選手によってオリンピック新記録が樹立されるという、うれしいサプライズもあった。好記録が出るのはその選手の実力があってのことだが、選手が余計なストレスなく競技できる環境が整えられていることも大切な要素に違いない。

競技終了後、サイパ首席審判員はわざわざ支援隊全員の集合をリクエストし、「今回のクレー射撃競技大会はひとつのトラブルもなく実に立派に行なわれ、私がいまだかつて見たことも聞いたこともないすばらしいものであった。これはすべて自衛隊の支援がよかったからにほかならない。諸君の空前絶後の立派な協力に対し、ここに改めて謝意と敬意を表します」と、一同に挨拶した。

これはまったく思いもよらぬ出来事だった。支援隊員を集め謝意を伝えずにはいられないほど、みごとな支援だったということだ。この発言について、日本クレー射撃協会会長の麻生太賀吉氏（麻生太郎氏の父）も「競技運営について重大な責任のあった彼が東京大会の大成功の一因であった支援隊に対して、彼自身のいつわらざる心情を述べたかった衝動の表れ」と述べている。

自転車競技支援

時速90キロでジープ爆走、鈴鹿サーキットでも訓練

自転車競技、いわゆるロードレース。これこそオリンピック競技支援8種目中、もっとも難易度が高いとされてきた競技だ。協力業務の内容は次のとおり。

- 役員、監督、コーチおよび予備自転車の追従輸送
- 競技運営に必要な役員のコース区間内の輸送
- 故障自転車や落伍選手の収容
- 通信

自転車競技支援隊は第3通信大隊（伊丹駐屯地）大隊長を隊長に、中部方面隊の第3師団を基幹とする隊員149名で構成された。

支援隊は1964年8月9日に伊丹を出発、人員は鉄道、車両は船舶輸送により10日に立川駐屯地に到着、15日に編成完結している。ほかの支援隊の多くが9月に編成完結しているのに対し1カ月も早いのには、それなりの理由がある。この支援がそれだけ困難を伴うミッションだからだ。それはなぜか。

まず、第3通信大隊にはスポーツ大会支援の経験がない。1963年の国際スポーツ大会における自転車競技の支援は、第1輸送隊（練馬駐屯地）が担当している。しかも関西の部隊ということで、東京の地理になじみもない。しかし、これだけならまだほかの競技でも同じケースはある。自転車競技支援最大の難関は、ふだんは法定速度遵守での走行が鉄の掟である自衛隊が、時速90キロでジープをすっ飛ばし、自転車を追いかけなければならないということにあった。左に右に容赦なくカーブする道路を、幌を外した左ハンドルのジープで疾走……ほとんど度胸試しではないか。これは厳しい。

支援隊員の心理的にも、訓練当初はアクセルを思い切りよく踏み込むということへの恐怖やためらいがあったとしても無理はない、自衛隊にとっては高速道路ですら出さない速度なのだから。そのありえないことをやれと言われた隊員の重圧はいかばかりだっただろう。

支援のメインは、ジープに予備自転車を積載して選手の後方を追従することだ。これができなければ支援の意味がない。そこで支援隊は、高速追従、追い越し、急制動停車を重点に訓練することに決めた。さらに競技の協力経験のある第1輸送隊と積極的に連絡を取りつつ訓練を開始した。

『東京オリンピック支援集団史』には、自転車競技支援隊長である竹原虎男2等陸佐が「前年のスポーツ大会は東部方面隊の部隊が円滑に支援しているので、中部方面隊の面目にかけても立派にやり遂げなければならないと感じた」と述べているが、別に対抗意識を燃やしていたわけではなく、経験者から学ぼうとする謙虚な姿勢を持っていたことがわかる。実際、スポーツ大会時の自転車競技支援隊長が関西までおもむき、実施指導を行なっている。

6月29日から7月11日までは祝園分屯地（京都）で、まずは操縦手の第1段階の訓練として、自転車のパンクなどによる選手の転倒あるいは観客の不意なコースへの飛び出しに対処するための急制動停車訓練を行なった。この訓練では、わら人形を突然、道路へ投げ出すといった荒っぽいことも行なわれている。

そしてサーキットでは、ジープの高速度における小半径回転および急制動などを重点的に訓練した。このサーキットとは、なんと鈴鹿サーキットである。鈴鹿サーキットは、路面や道路幅が高速度訓練に最適の場所だったのだ。ここの使用は当初難航したが、何度かの交渉の結果、無償で借り上げることができたという。オリンピックという国を挙げての行事の支援のための訓練とはいえ、無償とは驚きである。「何度かの交渉」というのは、間違いなく「タダで貸して」「それは無理」という攻防だったに違いない。

支援隊は7月14～19日の間、自動車メーカーのテスト走行の時間を避け、早朝あるいは夕刻から訓練を実施。訓練の終盤には晴れて不安なく時速90キロの高速度で走行できるまでにいたった。隊員もよく頑張ったが、鈴鹿サーキットの太っ腹にも感謝である。

編成完結後は、警視庁交通機動隊（白バイ隊）、地元警察署、小平駐屯地警務隊などの協力を得て、大会コースである八王子ロードレースコースに慣れることを目的とした訓練が行なわれた。大会コースの走行慣熟、高速運転の練度向上を目指したこの訓練を約3週間実施したほか、立川バイパスや東村山工業技術院機械試験所テストコースでも追従および追い越し訓練を実施。ほかの支援隊の訓練と比べ、訓練の場を各地に求め、しかも自衛隊以外のさまざまな団体の協力を受けていることがよくわかる。それだけ時速90キロでの追従というのは高いハードルだったのだ。

仕上げに8月30日の東京オリンピック代表選手権選考大会、9月6日の都道府県対抗チームロードレース、さらに各国選手の行なった練習に協力して練度向上を図った。

無事故で任務完遂、文部省も賞賛

競技は団体戦と個人戦が行なわれた。団体ロードレースは10月14日、雨模様のなか、八王子オリンピック団体ロードレースコースにおいて参加33チームによって開催。この競技は走行距離109・893キロ（1周33・631キロコースを3周）を4人1組のチームで走破、その所要時間によって勝敗を決める。

支援隊は追従、追い越し、収容および通信などの協力を予定通り実施した。追従の協力は随行班が担任、予備自転車4台を積載したジープ各1両をチームに配当し、監督・コーチを同乗させてチームの後方約20メートルを追従した。収容の協力は収容班が担任、中型トラック4両をレース3周目から最後に発進線を通過したチームの後方に追従させ、落伍者ならびに故障自転車の収容にあたった。

個人ロードレースは22日、八王子オリンピック個人ロードレースコースにおいて35カ国、132名の選手によって行なわれた。なんとこの日も雨に降られ、選手にとっても支援隊にとっても最悪のコンディションとなった。この競技は走行距離194・832キロ(1周24・354キロコースを8周)で、全員同時に発進して順位を競う。支援隊は団体レースと同じ協力を実施。予備自転車3台を積載したジープ4両は、選手が発進線を全員通過し終わったと同時に、随行班がその後を追いかけた。そして時間が経過し選手が第1、第2グループなどに分かれてくるにしたがって、1グループに1台ずつ追従するよう分離行動して協力を行なった。レース協力中のジープは、コースを1周するごとに発進線に待機していた次のジープと交代、この要領を繰り返した。

ジープの運転を担当した水島洋美陸士長によれば、「自分たちはこの日のために、雨が降ろうが槍が降ろうが支援できるよう訓練を重ねてきたが、願わくば晴天でありますようにと願っていた」という。それはそうだろう。しかし天は支援隊の練度を試すかのように、無情にも雨

雨の中を走る自転車を追従するジープ。この支援を円滑に行なうための訓練は苦難の連続、警察などからも多大な協力を受けた。(陸上自衛隊)

日とも雨を降らせた。当日は競技が始まったら4時間はトイレに行けないので、「朝食のお茶と味噌汁は飲むな」「ズボン下を1枚多くはいて来い」など、小隊長から細かな助言があったという。

ジープは、カーブでは減速しなければスリップして危ない。しかし減速を繰り返すと選手に遅れてしまう。スリップするかしないかぎりぎりのところで必死に選手を追う。下り坂でスピードが70キロ以上出ると、幌がないオープンカー状態なので周囲から上がった泥しぶきが運転席の窓を汚してしまう。前方が見えにくくなり、ハンドルを握る手やアクセルを踏む足に力が入る。一瞬たりとも気を抜けない緊張が続くレースが終了すると、隊員たちは無事に任務を完遂できた喜びで胸をいっぱいにしながらトイレにダッシュしたという。

このように、2日間にわたりのべ297名でロードレースを支援。結果として1件の事故もなく、自転車競技支援隊は4カ月の訓練成果を遺憾なく発揮してみごとに任務を完遂した。竹原2佐はこの支援を「ハイスピードで走る選手と一体となり、追従支援に任じた各操縦手の物心両面にわたる負担は筆舌に尽くしがたく」「連続走行100キロに及ぶ山あり谷ありの難コースを高速走行間に遭遇する危険に打ち勝つか否かは、神のみぞ知るところであったかもしれない」と述懐している。どれほど準備を重ねても、最後は神頼みにならざるを得ないところもある、そんな綱渡りの支援だったのだ。

文部省の記録では、この支援について「至難と言われたロードレースにおける役員、予備自転車輸送の支援を無事故でしかも整然と実施」と、最大級の賛辞で締めくくっている。他省庁に賞賛されるというのは、なかなか気分がいいものである。

なお、日本アマチュア自転車競技連盟の今井治夫氏の『東京オリンピック支援集団史』への寄稿には、当時の自転車競技をとりまく国内の現状について厳しい意見が述べられている。たとえば準備段階で問題が山積みだったのは、まだ日本に自転車競技が普及していないせいもあるが、それ以上に「日本アマチュア自転車競技連盟以外の関係者の熱意がなかった」というのだ。その一方で、自衛隊の支援に対しては惜しみない賞賛を送っている。ルールについては競技関係者もたじたじとなるくらい突っ込んだ質問を受けたこと、自衛隊のとことん訓練・勉強する姿に多くの関係者が刺激を受けたこと、自分たちのほうが自衛隊から競技運営などについて助言されたり励まされたりしたこと。こういったことが積み重なるうちに、自転車競技に関わる人々が発奮努力するようになった。「自衛隊は、なかなか進まなかった準備体制がスピードアップする原動力になった」とまで言うのだから、自転車競技支援隊の苦労もむくわれただろう。

カヌー競技支援

訓練では水上救護員検定試験合格者も

カヌー競技支援隊は第1施設団第102建設大隊（朝霞駐屯地）を基幹とし、第1建設群本部管理中隊（朝霞）および第124特科大隊（朝霞）の隊員を加えた126名の混成部隊で構成された。協力業務は次のとおり。

- スタートラインにおける発進補助
- 舟艇による競技水域の監視

●競技運営に必要な通信

支援隊員の中にカヌー経験者は皆無に近かったと思われるうえ、競技会場が相模湖という遠隔地だったため、現地調整や訓練、宿営などの面での苦労も多かったことだろう。ただ、幸いなことに多くの隊員が1963年の国際スポーツ大会でカヌー競技協力を経験済みだった。

1964年7月10日に第102建設大隊を基幹とした第1建設群カヌー支援準備訓練隊70名を編成、訓練をスタート。8月10日からは第124特科大隊の56名も加わった。支援隊員のうち水上勤務となる50名に対しては、まずは泳ぎの練習からである。朝霞駐屯地内のプールで水泳訓練50時間、70名は茨城県古河市の渡良瀬川で舟艇訓練を行なった。

8月に入ると全支援隊員が参加して、11日間にわたり相模湖で野営総合訓練を実施。この訓練終盤では昭和39年度日本カヌー選手権大会兼オリンピック選手選考会を協力、オリンピック会場と同じ場所での支援により、本番における要領も確認することができた。

野営総合訓練後は再び56名の隊員が50時間の水泳訓練を行なったほか、ボートマン（舟艇員）11名に対して茨城県の勝田市那珂川にて教育訓練を実施した。なかなかハードである。オリンピック支援イコール水泳の猛特訓、というイメージを支援前に抱いていた隊員など皆無だったろうから、訓練中は任務完遂の道の険しさを大いに味わったに違いない。

『東京オリンピック支援集団史』のカヌー支援隊長西村武雄2等陸佐の手記によれば、ソ連選手のカヌーの開梱《かいこん》作業の現場をちょうど通りかかった隊員が、いきなりソ連の監督にカヌーの開梱を手伝うよう催促された。隊員の作業服と日本通運の作業服が似ていたため、業者と間違われたのだ。呼び止められた3等陸曹が「私は日本軍人である」と返すと監督は「失礼しました」と詫びたという。また、当直の幹部が深夜に宿舎を巡察中、突然「右よし！」と大声が聞こえたのでなにごとかと驚いたところ、隊員の寝言だった。一度の巡回で何度もそのような寝言を聞いたそうで、夢の中でも競技支援をしている隊員たちに、心の中で「明日もよろしく頼む」と念じたという。

なお、支援隊員のうちおそらく水泳訓練を受けた50名の中から希望者もしくは選抜されたのだと思われるが、40名弱が日本赤十字社水上救護員検定試験を朝霞駐屯地内プールで受験、9名が合格している。合格率30パーセントという数値が高いか否かは、残念ながら確認が難しい。というのも、現在は日本赤十字社水上救護員なるものが存在しないのだ。該当する現在の資格は「赤十字水上安全法救助員」だが、これは赤十字水上安全法救助員養成講習を受講し、最終日に学科、実技の検定を実施して合格者には「水上安全法救助員認定証」を交付するというもので、合格率は非常に高い。

講習は水上安全法救助員として正しい知識や救助に使用する泳法、溺者救助の仕方、水難救助に関する総合的な知識と技術の習得を目的としており、これについてはおそらく水上救護員も同じだったと思われる。ちなみに赤十字水上安全法救助員養成講習の受講資格は「クロール・平泳ぎともに100メートル以上（いずれか一方は500メートル以上）、横泳ぎ25メートル以上、潜行15メートル、飛び込み1メートル、立泳ぎ3分程度の泳力があること」「赤十字救急法基礎講習の認定証の発行から3年以内の認定証を持っていること」、さらに「当コースは溺者救助を目的としている為、受講者にはある程度の泳力が求められます」という一節もある。それはさておき、隊員にこのような試験を受験させるだけの時間的、技能的な余裕があったということは、カヌー競技支援の準備は順調だったのだろう。

編成完結後はこれまでに訓練してきた成果の拡充と精神教育などの規律訓練を実施。競技直前の10月17〜19日には相模湖でOOC競技運営本部との総合予行が行なわれ、全支援隊員が参加した。

困ったときは自衛隊？ 予定外の支援要請

カヌー競技は10月20〜22日の3日間にわたり、相模湖上1000メートルコースで参加23カ国、67名の選手で行なわれた。

支援隊は10月16日に朝霞駐屯地から現地に進出、湖岸よりやや離れた津久井郡中野、関、三ケ木地区の旅館6軒に分宿。3日間にわたり発進補助、協議水域の監視、通信などに協力した。また、相模湖には桂川からの落葉が集まるので、レースコースの管理はゴミ拾いに始まりゴミ拾いに終わるといっても過言ではないほど、膨大なゴミが溜まった。支援隊員は競技役員とともにコース全域の清掃も早朝から行なった。

支援隊長は競技運営役員が常駐する競技運営本部の一角に指揮所を設けるとともに、競技運営役員と緊密な連携を保った。この競技運営本部内に指揮所を設けたというのは、非常に重要なポイントだ。物理的な距離は意思の疎通を妨げ、競技運営の円滑化に影響するだけでなく、心理的な距離まで広がってしまう。

たとえば、東日本大震災の際、岩手、宮城、福島などの県庁所在地には各県の災害対策本部が設置されたが、自衛隊の指揮所が同じ場所だった県と異なる場所に設置された県では、その後の復旧活動やそのスピードに明らかな差が出た。「離れていたから調整がスムーズにいかず復旧に時間がかかった」というよりは、「同じ場所に設置して密な調整ができたことが復旧のスピードアップにつながった」と言っていい。

このカヌー競技においても、指揮所をそこに置いたことで、よりスムーズな支援、今まで以上に垣根のない関係者との対話、調整が可能となったはずだ。

具体的な支援の内容だが、ウォーターマンと呼ばれる発進補助員は各スタート・ポンツーン（浮き桟橋）に1名ずつ乗って、カヌーの艇尾を捕捉し発進を補助する。水上通信員はスタート・ポンツーン・コースの折りたたみ舟、審判艇、作業兼救護艇に各1名ずつ、審判ポンツーン上には2名ずつ乗って通信業務にあたった。ボートマンと呼ばれる折りたたみ舟艇員は各艇3名ずつで艇の操作にあたった。

これら水上作業員は、かなり気温が低下し風が吹き通す湖上での長時間勤務となり、相当な肉体的な負担を強いられた。今のようにどこでも買える薄くて保温効果の高い肌着などなかった時代、さえぎるもののない湖上で吹かれる風はどれほど肌に刺さったことだろう。

なお、この3日間の競技協力のほか、支援隊にはOOCから追加の協力も要請された。「用意周到」を由《よし》とする陸上自衛隊にとって、おそらく決して喜ばしい協力ではなかっただろう。それでも受けたからには（というか受けないという選択肢はない）、完遂するのが自衛隊である。まずは10月1〜15日までの間、幹部を長とする16名の湖上警戒隊（ただしコースに周辺、練習湖面のみの警戒）を先発させ、企業などから借用した湖畔の仮施設に宿泊し、選手の練習に障害となる民間舟艇の練習場内への進入警戒の協力を行なった。

これは追加の要請にしてはかなり規模の大きな協力である。部外者が聞いても「今ごろそれを言うか？」と思わず突っ込みたくなるほどだから、支援隊長もさぞや戸惑ったに違いない。OOCや日本カヌー連盟の準備不足、詰めの甘さが招いたと言っていいだろう。

さらにもうひとつ。総合予行の際に500メートルスタート・ポンツーン（女子選手のためのスタートラインにある）の不具合が発覚したのだ。国際カヌー連盟役員の要請により支援隊が応急修理をしたおかげで競技が可能となった。この不具合も支援隊にはなんの関わりもない、OOCもしくは日本カヌー連盟の不手際である。「困ったときは自衛隊」と頼りにされるのはそれだけ信頼されているということでもあるが、仮に依頼する側に自衛隊を便利屋のごとく思う気持ちがあったとしたら、勘違いもはなはだしい。

このような想定外の協力のほかに、会場が駐屯地から遠く離れていたこと、湖上において長時間勤務しなければならなかったことなど、いくつかの困難な条件があったにもかかわらず、隊員たちは3日間にわたって展開された41レースに協力し、しっかり役目を果たした。

日本カヌー連盟は「厳しく訓練された技術を存分に駆使しての執務態度に刺激を受けるとともに、今後の役員教育に新しい目標を得た。（中略）隊員個々の強い使命感などにも大いに考えさせられた」と残している。

なお、日本赤十字社救護員検定で合格者を出したことは、部隊・隊員の練度向上にもつながった。また相模湖の旅館での宿泊は、その規律の正しさが地元町民に大いに好感を与えたという。

ヨット競技支援

唯一、海上自衛隊のみで実施した支援

ヨット競技の支援は、海上自衛隊が編成したヨット競技支援任務部隊によって行なわれた。協力業務の内容は次のとおり。

●競技コースの標示のための浮標の設定・維持および撤去
●競技海面の各船舶とほかの艦船および競技運営本部との間における通信
●本部船業務およびコース誘導
●ヨットハーバー内および競技実施中の競技海面の整理と各国艇の保管および港務の補助
●会場内の役員・選手・報道員および必要器材等の海上輸送
●ヨット競技海面における救護
●ヨット競技会場における旗章の取り扱い

ヨットについては全競技のうち唯一、競技会場が海であるせいか、陸自がいっさい関わらず、海上自衛隊のみで支援が行なわれた。そのため防衛庁の公式記録でも各競技の支援をまとめた章にヨット競技は掲載されておらず、海上自衛隊の章のみでの紹介となっている。航空自

衛隊の漕艇支援隊の記録は、競技のページと空自のページ両方に掲載されているのだが……これについても陸自と海自の水面下でなにかあったのだろうか。戦後20年近く経っても陸と海の確執は相も変わらずだったのか、陸自担当者の苦虫を噛みつぶしたような顔が目に浮かぶ。ただし、ヨット競技支援の記録そのものは、他競技と比較しても、その詳細さが際立っている。

ヨット競技支援任務部隊は横須賀地方総監を指揮官に、横須賀地方隊の隊員と艦艇、そして第2掃海隊群の諸艦艇を基幹とし、自衛艦隊から艦艇、航空機、さらに防衛大学校からも人員と艇の派遣を受け、艦艇72隻、航空機2機、人員約2560名をもって編成した。相当な大所帯である。ヨットの競技範囲が数キロ沖にまでおよぶため、必然的に多くの人手が必要だったと思われる。

支援部隊は海上支援任務群2200名、陸上支援任務群338名、江の島通信任務隊93名、航空支援任務隊8名で編成された。海上支援任務群は艦艇57隻を運用、陸上支援任務群の江の島任務班は江の島会場の陸上と水際の諸作業を、葉山・三崎・武山の任務班は各港で海上自衛隊艦艇の基地業務を担当した。

また、陸上支援任務群の隊員の中から選抜された102名で海上自衛隊旗章隊を編成し、開・閉会式の式典に派遣して陸上自衛隊の協力を支援した。これが「世紀の祭典の世界中から注目される式典に専任の隊員を用意しないとは」と、陸自をいらっとさせた（と思われる）、例の旗章隊である。航空支援任務隊は、ヘリ2機でコース浮標や競技海面の浮流物の監視を担当した。

困難な任務の連続、痛恨の負傷者発生

横須賀地方隊は1963年6月に横須賀地方隊オリンピック準備室を設置。国際スポーツ大会の協力準備時期に教育訓練を開始、スポーツ大会で協力を兼ねて訓練を実施した。1964年4月からは図上演習や浮標設置訓練なども始め、5月には東京大会ヨット選手権選考予選でも協力を兼ね総合訓練を行なった。8月、支援部隊編成完結したあとにもOOCの要請により行なったオリンピック選手権選考予選の協力で総合訓練を実施できたため、練度はさらに向上した。競技に対する支援の訓練はおおむね順調だったようだ。

もっとも人数を割いた海上支援任務群の訓練は、国際スポーツ大会での協力の経験を参考に、第2掃海隊群艦艇に対する浮標設置訓練と深海における前後係止訓練に、とりわけ重点を置いた。

浮標とは海水浴場でもよく見られる「ここから先は遊泳禁止」という印として浮かんでいるブイのことだ。しかしスケールが違う。相模湾北部の競技海面は最大水深100メートルにおよび、複雑な海潮流の影響を受け、かつ吹きつける南風により波高5～7メートルに達するこ

とも多い。そのため使用する浮標は必然的に大型化し、なんと全重量約2・5トンにもなった。

この種の特別大型浮標の設置や撤収は、当時の自衛隊にとっては「相当熟練を要する運用作業」で、ほとんど未経験だったようだ。それでも任務を完遂するのが自衛隊。浮標を設置する艦艇の装備を改良までして、この難易度の高いミッションをクリアした。

ただし浮標設置訓練は一定期間、通常の課業や業務を行なうべき時間のすべてを当てて実施したというから、それだけ厳しい任務だったということだ。

また、深海における前後係止訓練もハードルが高かった。本部船はヨットのスタートとゴール、水深約100メートルの場所で前後係止しなければならない。しかもそれは風向きを見定めたと同時に錨を落とし、また風向きが急変すれば、その方向や位置をすぐさま変更する必要があった。

「本部船である約400トンの掃海艇が水深約100メートルのところで急速に前後係止の投錨を行なう」。これは船乗りの常識としてはありえない、異例の作業だ。それでも訓練を積み重ね、8月末にはヨット競技ができる範囲のいかなる天候でも実施できる練度に達した。

競技直前まで訓練ができなかったのは、競技のスタートとフィニッシュの際に使用するイタリア製信号砲「オリンピオニコ」の発射訓練である。なにしろ現物がいくら待てども届かな

ヨット支援を行なう掃海艇「つくみ」。海上自衛隊のみで編成されたヨット競技支援部隊には艦艇72隻が用いられた。(陸上自衛隊)

い。しかも仕様、操作に関する資料も入手できず、どのように取り扱うべきものかの検討もできない。着々と準備を進めてきたヨット競技支援任務部隊としては、さぞや「まだ届かないのか」「なにやってんだ」とイライラが募る日々だったことだろう。

10月初旬、競技開始間際になってようやく現物が届いた。ところが今度はその構造が陳腐すぎて絶句する始末。砲架はもとより安全装置すら付いていない。さんざん待たされた末に届いたのがこの品質では、高い士気を維持して訓練に励んできた支援部隊にしてみればちゃぶ台をひっくり返したい思いだったかもしれない。

それでもオリンピオニコを使うことは決定していて動かせないのだから、このちゃちな代物を安全に扱えるようにしなければならない。支援部隊はすぐさま「オリンピオニコ操法」「オリンピオニコ取扱安全守則」「オリンピオニコ薬包安全守則」「オリンピオニコ取扱上の注意事項」を怒涛の勢いで作成、射手要員は開会まで連日発射訓練を行なうとともに危険防止に努めた。しかし10月15日、艇が動揺したことで恐れていた暴発事故が発生。支援隊員のひとりが負傷することになってしまったのは、気の毒としか言いようがない。

ヨットハーバーの清掃から旗章隊まで

さて、協力の実施だが、支援業務が多岐にわたった陸上支援任務群から見てみる。

まず9月10日からハーバー内の警衛（自衛隊の用語で、施設の警備・警戒すること）と合わせ、1日24時間勤務の態勢でヨットの保管補助を実施した。警衛を担当する警備班の大部分は陸上自衛隊旗章隊との兼務だったため、そちらの訓練に駆り出される日は、江の島の警備班などはわずか6名しか残らなかったという。そこで三崎や葉山、武山の各任務隊からも作業員を集め、それでも足りない場合は海上支援任務群にまで人手を借りるといった具合で、現場ではかなりの苦労があったようだ。

ヨットの保管補助については、最初の保管隻数は外国艇合わせて24隻だったが、最終的には外国艇81隻、日本艇91隻の計172隻にまで増えた。期間中、江の島ヨットハーバーに不法侵入しようとした者は釣り人42、酔っ払い4、その他4の計50人。いずれも当直警衛員が侵入を防止して事故は皆無だった。

また、ヨットハーバー内の整理や清掃、ヨットの揚げ降ろし補助も行なった。スター級以上のヨットは協会関係者が担当したが、フィン級、FD級の揚げ降ろしはすべて支援隊が担当している。その数はのべ1100隻におよんだにもかかわらず、艇に損傷を与えるなどの事故は皆無だった。ちなみにヨットの揚げ降ろし作業は胸まで海につかることもあるので、胴付き長靴を着用したという。これは肉体的にもかなりきつそうな支援である。

さらに競技艇計測補助、参加国国旗の掲揚も行なったほか、海上輸送も担当した。報道艇やオーナーゲスト艇（貴賓艇）として特務艇「ゆうちどり」、交通艇などを運航、レース期間中のべ2150名の海上輸送を実施した。

そして前述のとおり、オリンピック開・閉会式に海上自衛隊旗章隊として派遣された102名も、この陸上支援任務群の所属だ。旗章隊は朝5時半に起床、ヨットハーバーの国旗を掲揚してからすぐさま都心の国立競技場に向かい、予行訓練をこなしてから21時過ぎに江の島に戻り、夕食後に当直員はすぐさま夜間警衛勤務につくという、とてつもなくハードな日々を送った。

予行訓練を行なう会場でだけでなく、江の島から往復する姿、早朝に国旗掲揚する姿、そして夜間に警衛している姿をもしも陸自の隊員が見ていたら、また違う思いがあったのではないか。式典への協力は、決してヨット支援の片手間に行なえるものではない。海自の支援隊員も歯を食いしばって厳しいスケジュールをこなし続けたのだ。

海に飛び込んでの救助活動

海上支援任務群は、競技コースの設定・維持および撤去を担当した。浮標設置は集中して訓練を行なうほど困難な任務だったが、9月15日には競技に必要な計27個の浮標をすべて設置した。ところがである。台風20号来襲のため、浮標の流出を防止すべく、せっかく設置した浮標のうちテスト用の1個を除きなんとすべて撤収、3日後に再び設置するという、聞いただけでめまいを起こしそうな多大な労力を払った。

今のように気象衛星ではるか遠くの太平洋上で発達する台風を確認できる手段もない時代、やはり浮標を設置した1週間後の台風到来は予測が難しかったのだろうか。それにしても、苦労してようやく設置した浮標を全部撤収し再設置とは、それしか方法がないとはいえ、心が折れそうな作業である。

海上支援任務群はこのほか、本部船業務およびコースの誘導、競技海域における救難も担当した。この任務も厄介だった。まず言葉の壁がある。さらに救助者が被救助者またはその艇に触れると、選手はその時点で失格となってしまうので、難しい判断を迫られた。

競技3日目の10月14日には秒速12メートル、突風15メートルという強風のため、フィン級の転覆が続出。このときは、救助を求められた際にはまず水中処分員（海中で機雷や不発弾の除去・処理を主任務とするダイバー）を水中に飛び込ませて選手を救出、それからヨットを確保・回収した。

ある転覆ヨットの救難にあたった1等海尉の手記（『東京オリンピック作戦』）によると、荒れる海で転覆したヨットのセールを外すのに30分ほどかかっている。さらにそこからヨットと艇が離れないようロープでつなぎ曳航し、レースの邪魔にならないよう海域を遠回りして港に入るまでの時間もかかる。ヨットのバウ（前部）を押さえるために曳航中ずっと水中にとどまった隊員の顔色は寒さで蒼白だったという。「その日の海水温度で波が高い場合の水中作業は20分程度が限度でなかったか」と、この幹部は振り返り、隊員たちの働きぶりを賞賛している。

通信支援任務隊は、各地方隊から優秀な隊員が集められたエリート集団だったので、通信業務は確実かつ迅速に行なわれた。競技期間中に取り扱った電報は約3000通、その内容は部隊運用、管理、競技関係、記録関係まで広範囲にわたった。

また江の島ハーバーおよび哨戒艇などにOOCから73個の無線機を借用したことで、海自の通信業務に必要な予備数を確保できた。これは自衛隊がモノを借用した数少ないケースだ。とくに防衛庁によるOOCへの支援の中に相当数の通信機器の貸し出しが含まれていたことを考えると、OOCに貸したのはすべて陸自の通信機器だったということだろう。

航空支援任務隊は競技開始前に競技コースの標示、浮標の位置確認、浮標流出時の捜索および浮流物の発見を任務として、10月1日から21日までの間、のべ飛行約22時間の協力を実施した。

負傷者が出たのは痛恨の極みだっただろうが、やはりヨット競技は海を知る海上自衛隊でなければ的確な協力は難しかったはずだ。海上自衛隊の記録からも、いかに周到に準備し、訓練を重ね、そして競技が始まってからはあらゆる業務に対して細心の注意を払い、最大限の協力を行なったことがよくわかる。

時代が進んだ今、現在の陸・海・空自衛隊がタッグを組める間柄であってなによりである。

漕艇（ボート）競技支援

観客からは見えないスタート地点でサポート

漕艇《そうてい》支援隊は航空自衛隊の中央航空通信群本部（市ケ谷基地）通信班長の藤田幸夫2等空佐を隊長とし、同群移動通信隊（熊谷基地）の隊員および第2航空教育隊（熊谷）の第10期空曹候補者68名で編成された。協力業務はスタートラインにおける発進補助、競技運営に必要な通信である。

『東京オリンピック支援集団史』によれば、漕艇支援隊長の藤田2佐は、空幕オリンピック準備室から漕艇支援をやってもらうとの内示があった際、「なぜ空自なのだろう」と不思議に思ったという。オリンピック支援は陸自が中心だったし、水上作業をともなうことを考えれば海自が適任ではないかと考えたそうだ。それはそうだろう。実際、外国選手の中にも不思議に思う人はいたようで、支援隊員の帽子にある「JAF（航空自衛隊）」のマークを見て、「なぜ空軍がボートの支援をしているのか？」と尋ねられたそうだ。

漕艇という競技は、オアズマンシップやロウアウト精神という漕艇ならではのスピリットまで理解し、十分に場慣れする必要があった。オアズマンシップとは本来はボートを操る技術のことだが、「ルール、マナーを守り、競漕相手に敬意を持って行動するフェアプレイの精神」という、スポーツマンシップと同様の意味合いがある。ロウアウト精神とは、レースの最後の瞬間まで全力で漕ぎ尽くすという姿勢のことだ。そのため、支援隊は漕艇協会と密接な連携を保ちつつ、戸田漕艇場（埼玉県）で現地研究や一部の協力を行なった。1964年4月に現地研究演習、5月に東大対一ツ橋大レガッタ、オリンピック東京大会エイト代表決定戦、7月に早大対慶大レガッタ、8月に全日本小艇選手権大会、オリンピック東京大会小艇代表決定戦など、かなりの頻度である。

その一方、漕艇競技の運営は日本漕艇協会とOOC戸田分室の2本立てで行なわれており、しかも双方がそれぞれの立場を主張するので、藤田2佐によれば「一方の了解を取りつけても他方がそれを知らないと突っぱねるなど、支援隊としてはいずれの指示に従うべきか去就に迷うことがしばしばあった」という。いちばん勘弁してほしいパターンだ。

また、支援隊の本部は中央大学の合宿所を借りることになったが、とても人が住んでいるとは思えないほどの荒れよう、いや、住んでいるからこその荒れようで、そこかしこゴミだらけという悲惨な状況だった。しかし自衛隊にかかればゴミ屋敷レベルの合宿所も見違えるように整理整頓される。ピカピカになった合宿所に、学生が「きれいすぎて住みづらくなった」とぼやいたという。

しかも、支援隊員は身だしなみも整えていくよう上官からうるさいほどに言われていて、半ば強制的に散髪もされていた。今ならパワハラと指摘されそうな話だが、この時代の隊員は幸いなことに、身なりをきちんとしておくことは当然という意識が定着していた。そのため、用務のためたまたまやって来た原隊の同僚の髪が支援隊員に比べて長いのを見て、「お前は自衛隊の恥になるから外を歩くな」と文句を言ったそうで、これには藤田2佐も「人はここまで変わるのか」と驚いたという。

さて、一連の訓練の結果、通信の協力が支援の成否に大きく影響することがわかった。そこで2000メートルのコースに敷設する通信線にはRDワイヤー（当時最新の電話配線用ケーブル）を、また各監視地点のブランチ電話機の送受話器はスピーディーなレースの記録に便利なよう載頭（ヘッドセット）型を用いることとし、電話機の一時的改修準備に取りかかった。こうして通信支援は万全の態勢で本番に臨んだのだが、本来通信は、ダイヤルすれば相手の声が聞こえるのが当たり前のものなので誰も関心を抱く人はなく、マスコミも観客も視線はスタートに集中した。ふたを開けてみれば、漕艇支援の中心は本来想定されていた通信主体から完全に発艇補助となっていたというオチがつく。

9月の編成完結後は入間基地で座学、戸田では長い艇に対する特殊な発艇要領といった応用動作の訓練などを繰り返すかたわら、22日以降は1日60艇、内外の外国艇の練習を自主的に協

スタートラインでウォーターマンを務める支援隊員。のちに「自衛隊がすべき支援ではない」と防衛庁・自衛隊が強い言葉で否定した。(陸上自衛隊)

力し、練度の向上に努めた。

競技は10月11日から15日までの間に参加28カ国、410名の選手を戸田漕艇場に迎えて行なわれた。支援隊が担当するのは、ボートがスタートする際にスタートラインの先端を一線に揃え、公平なスタートをさせることである。ボートの長さは国ごとに異なるうえ不安定な水上とあって、決して容易な作業ではない。揺れ動くボートをスタートラインからずれないようしっかり押さえておき、スタートの合図と同時に手を離すのだ。そしてボートが250メートルを過ぎるまでそのままの姿勢を崩さない。漕艇競技ではカヌー同様、このボートを押さえる人をウォーターマンという。

実は漕艇レース最大の山場は、スタートダッシュとゴール寸前の競り合いにある。それゆえに、ウォーターマンは公正なスタートのために不可欠な存在だ。しかしこの発艇補助の作業は吹きさらしのポンツーンの上で、長時間にわたってうつ伏せの姿勢で動作しなければならない。風の強い日はボートに引きずられて水中に落ちそうになるので、足をロープで桟橋にしばりつけ、さらに浮き袋を背負って支援した。腕はしびれ、同じ姿勢を保つため、全身の筋肉が張ってくる。それに加え、ボートを押さえる場所に細かく注文をつけてくる外国選手もいた。しかし隊員たちはそれらに耐え、フェアな競技運営への協力を立派に果たした。

照明弾を打ち上げて日没後の決勝戦を支援

しかしカヌー同様、漕艇競技においても予想外の協力が生じた。しかもそれは大会前日に起きた。なんとその時点で国際漕艇協会長トーマス・ケラー氏（スイス）の要請により、夜を徹してコースの波消しのための応急対策を実行しなければならなくなったのだ。ケラー氏の押しが強かったのか、あるいは本来すべきことを日本漕艇協会とＯＯＣ戸田分室ができていなかったのか。いずれにしても、結局頼みの綱は自衛隊だった。

岸のコースわきにキャンバスの幕を張るという作業は関係者が行なうものの、日没後なので照明が必要になる。そこでＯＯＣ戸田分室は支援隊に対して19時15分に照明の協力を要請してきた。可能な手段は車両の前照燈を利用する以外になかったので、支援隊は自衛隊車両のほか急きょ輸送支援群から増援された10両を加えて21時から投光照射を開始。レース当日の深夜1時40分に応急対策作業が完了するまで、2000メートルのコースに対して投光照射を行なった。なんとか事なきを得たわけだが、ばたばたはこれで終わりではなかった。

レースは好天に恵まれたが風が強かった。とくに最終日の15日は北東風が強く競技時間の繰り下げとなり、最終レースのエイト決勝が日没後となってしまった。暗くなってもレースをするという想定は、日本漕艇協会にもOOCにもない。自然に左右される競技でありながら、関係者は誰ひとり考えていなかった。恐ろしい話だ。

そして支援隊は再び、競技運営本部から決勝線付近を照らして欲しいと泣きつかれた。なぜ自衛隊なのか。警察は暴動鎮圧用の立派な投光器を装備している。藤田2佐が関係役員にそう言っても、「どうしても自衛隊の方々にお願いしたい」と譲らなかったという。

照明支援など本来の支援業務に含まれないから、支援隊にその準備はない。そこで東部方面総監部化学課によって照明弾が急きょ用意され、化学課の竹沢達雄1等陸尉が照明支援を担当することになった。

『東京オリンピック支援集団史』にある竹沢1尉の手記によれば、はじめ現地は「地上照明でOK」と言ってきたそうだが、過去の経験から空中照明のほうがうまくいくこともあると、念のため空中照明用の火工品（銃砲弾以外の火薬などを用いた製品の一種）も用意して現地に駆けつけた。ところが現地では照明をするかしないか、するなら地上か空中か、なかなかOOCが決断しない。闇は次第に深くなっていく、のんびり構えている場合ではない。

竹沢1尉はたまりかねて試験照明をしてみることをOOCに提案、まず地上から照明してみた。その結果、報道カメラマンから「明るいが煙が映像の邪魔になる」という意見が出たこと、空中照明を試射したところ非常に好評だったことから、空中照明でいくことに決まった。「地上照明でOK」の指示をうのみにしてその準備だけで来ていたら、この日のうちにエイト決勝は行なえなかったかもしれない。

照明弾は誰でも扱えるものではないため、すべて竹沢1尉に一任された。準備なしのぶっつけ本番、しかも失敗は許されない。発射の角度、方向、弾数、発射時機などを検討し、ボートが1000メートル地点通過時に1発目を発射した。続いて北岸と南岸からと交互に計6個が上空に発射された。極限の緊張から解放された竹沢1尉が川面に沿って流れる照明を見上げていると、関係者一同が大喜びしていて、その様子に思わず目頭が熱くなったという。

すると、OOCはなんと「ついでに表彰式も照明して欲しい」と頼んできた。それだけ照明弾の効果に感激したのだろうが、あまりに自衛隊へおんぶに抱っこの姿勢に、「断ってしまえ」と言いたくなるところだが、自衛隊はもちろん受けた。わずか4個残った照明弾で効率よく照らせるよう、レース決勝のときより発射地点をずらした上で北岸から3個、南岸から1個発射し、こちらもみごとに成功した。竹沢1尉はこの一件を「すべて神がかり的な照明であったと思う」と記している。それほど綱渡りの支援だったのだ。

口やかましい国際漕艇協会長も絶賛した支援隊員の働き

レースは中断することなく無事に終えることができ、結果オーライとなった。だが繰り返しになるが、レースが日没後になること、その場合はどのような対策をするかを、競技運営側はまったく想定していなかったのだろうか。それではあまりにお粗末である。

以下は『東京オリンピック支援集団史』の日本漕艇協会による「自衛隊の支援について」の一部である。

> 競技場は広大で協会だけではとうていまかないきれない役員を必要とし、ほかに応援を求めなくては運営は不可能の状態でした。金で雇った役員では、心からのもてなしは望めません。どうしても自衛隊に協力をお願いするほかに道はないということで、OOCとも相談の結果、漕艇競技には特別応援をしていただくことになった次第です。（中略）自衛隊に照明弾の準備がなかったら一体どんな結果になったろう、今考えると冷や汗が出る。（中略）打

ち上げられた数発の照明弾が徐々に落下し始めた。あれが選手の頭にあるいは舟の中に落ちたら大変だ。みんなかたずをのんで見守った。具合良く艇をよけて水中にあるいは道路上に落下。やれやれとこれまた胸をなでおろした。あとで聞いたところ、このことを予測し風向き等を考えほどよく狙って打ちあげてくれたとのこと、感謝のほかはありませんでした。（中略）選手輸送の業務はOOC輸送部の関係で直接当協会への支援業務ではないのですが、ほかの競技に比較し大変ご面倒をかける結果となりましたが、臨機応変よく適時適切に配車輸送を完遂してくださったことを感謝いたします。

漕艇支援隊、実にお疲れ様でしたと言いたい。支援隊は5日間で計256隻が参加した56レースに協力。計画外の協力ももろもろ付加されたが、いずれも要請に応じて手際よく、しかも迅速に処理した。『東京オリンピック作戦』（朝雲新聞社）に掲載されている当時第2航空教育隊第2大隊長だった野田幸夫2等空佐の手記によれば、支援状況を視察に行ったところ、教え子たちの働きぶりに大いに感動したという。手記の一部を紹介する。

「勤務の交代を命ずる作業隊長の号令に応ずる彼ら隊員のピチピチとした動作、レースの合間の短い時間に、一糸乱れず駆け足で交代する上番クルーと下番のクルーの統制のとれた諸動作、水上の揺れ動く極めて不安定なポンツーンの上で、ピタリと〝整列休め〟の姿勢で待機する3人のクルー、これらが私の大隊を巣立った隊員達だろうかと、あまりの立派さにわが目を疑ったほどであった」

実際、大会前日に波消し応急対策を求めた国際漕艇協会会長ケラー氏も「自衛隊の協力は完璧であった」と謝意を表している。それだけではない。野田2佐の手記によれば、ケラー氏は秩父宮妃殿下がおいでの際には誰も訪れることのないスタート側にご案内し、発艇補助を行なう支援隊員の姿を「私はあれほど規律正しい兵隊を見たことはなく、これほど立派な発艇支援を見たこともありません」と妃殿下にご紹介したという。漕艇競技で裏方であるスタートのほうにまで皇族を案内するなど、これまで前例のなかったことだった。

陸上競技支援

順調だった陸上競技支援

陸上競技はマラソンと競歩の2種目で支援を実施した。主な業務は通信と役員の追従輸送である。陸上競技支援隊は第1通信大隊（練馬駐屯地）大隊長以下、第1通信大隊員149名で構成された。

陸上競技支援隊の準備はかなり順調だったといえる。というのも、まず協力業務のメインが通信であり、「ルールを覚える」「水泳の特訓をする」などといった基礎からスタートした支援と違ってハードルが低かった。しかも支援するのが第1通信大隊、通信のスペシャリストたちである。まさに「どんと来い」状態だ。

編成完結前に実際の試合で協力をする機会にも恵まれた。1963年5月にオリンピックコースと同じ甲州街道で行なわれた第18回毎日マラソン大会、同年10月の国際スポーツ大会、そして1964年4月に再びオリンピックコースで行なわれた第19回毎日マラソンと、オリンピック本番までに関わった大会は3回。最初の大会でまずはマラソン協力の要領を把握し、次の大会で練度を高め、3度目の協力ではオリンピックとまったく同じ人員と器材で協力するという理想的なステップを踏むことができた。さらに9月4日から国立競技場で行なわれた全日本陸上競技最終予選会でも通信支援を行ない、通信技術訓練の成果も確認できた。

このように過去3回のリハーサルで、編成完結時にはすでに準備は完了、協力体制は整っていた状態だった。また、過去1年にわたる数度の支援を通じて、警視庁や関係団体との連携も深まっていたことも大きい。スムーズな意志の疎通は、準備をますます順調にさせた。ライフル競技も準備は順調だったが、陸上競技はそれを上回る、全競技の中でもっとも順調な準備が行なわれたと言っても過言ではない。

とはいえ、オリンピックの支援はほかの大会の支援とは違う。3度の訓練の機会に恵まれたからといっても、それはオリンピックではない。大会の規模、外国人選手の参加人数、注目度の高さなど、すべてがほかの大会の比ではなく、万全の備えで臨まなければならないのはいずれの競技も同様だ。

陸上競技支援隊も8月上旬から本格的な訓練を開始した。ところがこの時期に東京都の水不足が深刻化、都内の17区で1日15時間もの断水が始まった。自衛隊は災害派遣要請により給水車両200台を出動させ、その際の通信任務を担ったのが第1通信大隊だったため、支援準備とほとんど重なってしまった。『東京オリンピック支援集団史』に寄せた陸上競技支援隊長の森繁実2等陸佐の手記によると、支援準備と災害派遣を両立させる苦労は、並大抵ではなかったようだ。

そして、陸上競技の協力で最大の難関だったのは、なんといってもマラソン競技での航空支援隊によるオリンピック史上初の全コース完全中継である。これについては後述する。

選手の通過時刻は数分後に電光掲示板へ

コースとなる甲州街道に通信網を構成したあとは連日保線を実施し、いよいよ競技がスタート。最初は20キロ競歩で、10月15日、国立競技場および明治公園周回コースにおいて16カ国35

名の選手が参加して行なわれた。支援隊は28名を投入し、そのうち競技場班5名を国立競技場内の記録本部に、4名の関門班3個を5キロ、10キロ、15キロ地点の関門にそれぞれ配置して、相互間の通信連絡にあたらせた。また、場外道路本部では無線手2名が通信を担当したほか、通告員として無線手1名をコントロールルームに配置。各関門を通過する選手の状況を傍受し、これを場内放送係員に通報させた。

10月18日には国立競技場および甲州街道オリンピック競歩コースにて参加19カ国、34名の選手により50キロ競歩が行なわれた。マラソン以上の距離があるため、支援隊の全隊員149名が参加しての協力となった。支援の要領は20キロと同じだが、甲州街道沿いにあるいすゞ自動車、電気通信大学、府中第2小学校の屋上に無線搬送班を配置した。

この日はあいにくの雨模様も影響し、レースを棄権する選手が続出。国立競技場の本部役員には「落伍した選手が寒さで震えているから、選手の衣類を急いで届けてほしい」との連絡が届いた。ところが陸上競技連盟の車両はすべて審判車として使われており、自由に動かせる車がない。困っている役員を見た森2佐は、自分の車（隊長車）を使うよう申し出た。指揮官の車両が選手の衣類を積んで走ったおかげで、選手たちは寒さから解放されたというエピソードも残っている。

そしてマラソンは陸上競技最終日の10月21日、42カ国68名の選手が参加。国立競技場および

東京オリンピック最終競技の男子マラソンで力走する円谷幸吉選手。４度目のマラソンで銅メダルの栄冠をつかんだ。(陸上自衛隊)

甲州街道マラソンコースで、50キロ競歩と同じ要領で１４４名の支援隊員が協力を実施した。予想される沿道の観衆は百万人、それを警備する警官は１万数千人と、大会最大の規模だ。陸上自衛官の円谷《つぶらや》幸吉《こうきち》選手が銅メダルを獲得したこのレース、支援隊員たちは通信機器を操作しながら心の中で同僚を応援していたことだろう。そして「これはメダルを取ってくれるのでは」という期待に胸をふくらませながらの任務だったのではないだろうか。

３日間にわたりのべ３１３名をもってマラソンと競歩に協力した陸上競技支援隊は、記録の速報の送受信に１件のミスもなく、完全に任務を遂行した。選手の通過時刻は数分後に国立競技場の電光掲示板への表示のみならず、ＮＨＫのテレビ、ラジオの中継放送にも使われた。

リアルタイムに状況がわかる現在と異なり数分のタイムラグは生じるものの、それでも当時としては画期的な出来事だ。自衛隊の技術力とそれを運用する隊員の高い練度があってこそなしえた、地味ながら偉大な業績である。

関門通信隊長の松本直嘉2等陸尉の手記によれば、甲州街道沿いの各関門通信所の通信状況確認などのために走りまわった松本2尉の車の走行距離は、２３００キロにおよんだそうだ。協力終了後には陸上競技連盟理事長から謝電があり、ほかの関係団体からも賛辞を受けている。確実・迅速を旨とする自衛隊通信の真価を大いに発揮した支援だった。

選手村支援

隊員５６５名を動員して選手村を支援

選手村は競技場所に合わせて分村もあったが、メインとなる代々木選手村には94カ国から6１２４名の選手と競技関係者が集まった。選手村支援群の協力業務は次のとおり。

● 選手村各出入口の警衛（門出入口時の人、車、持ち出し物品、門外掲揚の旗章の監視）
● 村内の巡察
● 管理事務所業務
● 選手村における旗章の取り扱い
● 村内の物資輸送

競技の支援と違ってテレビに映ることも観客の視線を浴びることもないが、選手たちがこの選手村でどれほどストレスなく快適な滞在ができるかは、彼らが母国に持ち帰る「日本の印象」「日本人のイメージ」を大きく左右する。選手村の支援を担当する隊員に課せられた責任は、きわめて重大だった。

選手村支援群は第13普通科連隊（松本駐屯地）を基幹に、各方面隊および航空自衛隊など、合わせて99もの部隊から選抜された隊員565名という大人数で編成された。

選手村支援隊群長の広谷次夫1等陸佐が『東京オリンピック支援集団史』に残した手記によれば、さらに選手村本部職員、通訳、日本体育大学のアルバイト学生、ビルメンテナンス協会の従業員など約300名も加わったため、「われわれが必要とした融和団結の中の広さと複雑さとは相当なものであった」という。

支援群は群本部、群本部付隊、警衛隊、朝霞隊、管理事務所から編成され、警衛隊はゲート

代々木選手村にて。警衛のみならず再三の依頼により管理事務所業務も引き受けるなど、選手村での支援は多岐にわたった。(陸上自衛隊)

班やパトロール班、監視所からなる。支援群要員のうち警衛隊に335名と、選手村の警備にもっとも多くの人数を割いた。

1964年8月15日に編成完結すると、主力はすぐさま翌日から代々木選手村に移動して準備をスタート。そして8月22日から警衛の協力を、9月15日の開村からは全面的に協力を実施、11月5日の閉村式まで活動した。競技の協力なら競技自体は数日で終わるが、選手村の協力は開村から閉村まで約50日と、協力期間は群を抜いて長い。

編成完結前までの流れとしては、1964年4月、第13普通科連隊はまず要員全員に対してオリンピック全般の知識を教育。教官要員の幹部と基幹要員には支援計画・

諸規定などの教育を実施した。続いて5月1日～7月23日の間は英語集合教育を実施。選手村とあってさまざまな国籍の選手と直接会話することが想定されたため、ほかの支援に比べてとりわけ語学力が求められた。これも協力期間の長さと並ぶ、選手村支援群ならでの特色だろう。

さらに第13普通科連隊以外の各方面隊と航空自衛隊は逐次編成要員を決め、それぞれの部隊で集合教育を実施した。とくに北部方面隊（スペイン語系）と中部方面隊（ドイツ語系）の管理事務所要員教育は、語学やマナーなどの教育に部外講師を招いて実施、相当の成果を上げた。

5月26、27日の2日間、オリンピック支援集団は集団司令部で選手村支援図上研究演習を行なった。図上演習だから実際に人間が動くわけではないが、そこから学び得るものは多い。実際、このときも支援群服務規則作成の資料を得るとともに各種問題点解決の糸口をつかみ、さらに関係者相互の意思の疎通も図ることができた。

7月1、2日には第13普通科連隊も同じく図上研究演習を実施、警衛と管理事務所の勤務要領、村内と朝霞駐屯地における営内服務規則についての研究を行なった。

7月下旬には各地から派出されている支援群の要員たちが朝霞に集結するため移動が始まり、最初は第13普通科連隊の先遣隊が到着、7月23日までに各方面隊および航空自衛隊の基幹

選手村支援群の隊員の服装は最後までもめた。村内の巡察は制服着用が認められ、「制服効果」を実感できる現場に遭遇した隊員もいた。(陸上自衛隊)

要員が集まった。24日からから8月6日までは選手村基幹要員訓練に参加、編成完結前としては最後となる訓練を実施した。

服装が決まらない

編成完結後は、8月に行なわれた選手村本部の第1回総合演習に参加して、各業務処理手順や調整要領を実地で学び、翌月12日の第2回総合演習で最終準備態勢を整えた。9月15日の開村後は「協力し、かつ教える」をモットーに、各国選手団入村にともなう支援に尽力した。

選手村には競技会場とは違う、独特の雰囲気がある。競技を控え緊張の高まる選手、競技を終えて解放感にひたる選手、初めて訪れた日本への好奇心にあふれた選手、選手が羽目を外さないよう目を配るのに忙しい選手団の関係者など、さまざまな人種や民族や文化や個性が溶け合い、何カ国語もの言語が飛び交う、グローバルな場所でもある。そのため支援群は、選手村の特別な雰囲気を壊さないよう気をつかった。

警衛の服装が1964年になってもまだ決まらなかったのは、自衛隊の作業服では選手たちに威圧感を与えるのではないかという危惧がOOCにあったからだろう。そして防衛庁側としては、隊員に自衛隊の制服を着用させせないなど論外と、かなり抵抗したのではないだろうか。結果としては、選手村の出入り口という目立つ場所で業務にあたるゲート班はOOC貸与の勤務服、つまりジャケットにシャツというスタイルとなった。おそらく防衛庁が折れたのだ。そして村内を巡回するパトロール班は夏服1種、白弾帯を着用し、銃・警棒などは所持せずに勤務についた。それが村内の環境にふさわしい服装と判断されたわけだ。ただし8月22日に日本警備保障株式会社(現・セコム株式会社)より警備を引き継いでから9月15日の開村までは、作業服・弾薬帯を着用して村内の警備にあたった。

選手の入村にともない予想外のトラブル発生

選手村支援群警衛隊の業務について詳しく見てみる。支援群要員のうち、もっとも多くの人数が割かれたのが警衛隊に所属するゲート班だ。ゲート班は9個に分かれ、村内10カ所の出入口の警衛所で、出入り時の人、車、持ち出し物品および門外掲揚の旗章を監視した。

外国選手団の入村にともない各警衛所の勤務はどんどん複雑になり、片言の外国語では対応できず通訳の必要性が切実になった。『東京オリンピック作戦』では、フランス選手団と同じバスに乗っているというニジェールの選手を探すのに大変な苦労をし、報道陣の波をかき分けながらフランス選手団のバス1台ごとに乗り込み「ニジェール！」と叫んでまわったというエピソードが披露されている。バスの隅で心細げにしていたニジェール人をようやく見つけ、「さあ降りましょう、お迎えに来ました」と日本語で言えば、その選手はにっこりうなずく。そして片手に選手の荷物、もう片手はニジェール人の手を取ってバスを降りたそうだ。

大会当初から第1・第6ゲートに配属されていた3名を含め、10月12日からは通訳11名（自衛官ではない）が投入されたおかげで業務は円滑に行なわれるようになった。が、10月12日とは開会式も終え、すでに競技が始まっている時期ではないか。選手団の入村のピークはとうに迎えている。OOCはもう少し早くから通訳を各ゲートに配置することはできなかったのか、疑問が残る。

各警衛所は外国人のよき相談所的な役割も果たしており、ゲートで警衛業務につく隊員に親しみを込めてあいさつをする選手も少なくなかった。ゲート員だった岩切国治3等陸曹によれば、片言の英語や身振り手振りで外国人選手と意思の疎通ができたときのうれしさは、格別の

99もの部隊から集まった565名で構成される選手村支援群の編成完結式。外国人と接する機会が多いため、語学学習も必須だった。（陸上自衛隊）

ものがあったという。

一方、サインを求めたり、写真を撮るためゲートに集まってきた群衆の整理など、本来予定されていなかった業務も多く、日中は控えの歩哨《ほしょう》まで駆り出され、これらの対応に忙殺されるありさまだった。ゲートで警衛している以上、自衛隊が対処するのはやむをえない流れではあっただろうが、選手目当てに人々が集まることは事前に想定できないことだったのだろうか。少々読みが甘い感がある。さらに予算の都合なのか各警衛所にはトイレがないという悲劇的な環境のうえ、仮眠するには隊員宿舎に戻らなければならず、さらに食堂は遠いなどの不便があった。外国人や報道関係者に常時接する気苦労が多い勤務だったが、幸いトラブルなく、万事順調に進んだ。

勤務はゲート班内を3個のグループに分け、2個グループは選手村で直接支援にあたり、残る1個グループは朝霞で待機および管理業務の援助などを行なった。選手村で支援する2個のグループは6日間在村し、1日交代で計3日間勤務。1回の勤務時間は24時間で3直制となっていた。このようにゲート班をグループに分けてローテーション勤務させることで、能率的に支援を実施した。

ゲートでは毎日さまざまな出来事があった。タクシーで帰村したものの「ドライバーが回り道して料金が高いのでなんとかしてくれ」とゲートの勤務員に泣きついてくる外国人選手も少なくなかった。高額紙幣しかなく「タクシー代が払えない」と駆け込んで来る選手のために、ゲートには常時百円紙幣が両替用に用意されていたという。この細やかな心配りこそ、梅沢集団長が支援上の心構えのひとつとした「今一歩の親切心」だ。

通門証なしに入村させてくれと食い下がるような困った輩も少なくなかったようだ。なかには「俺は○○協会の会長だ」とか「○○議員だ」など、職権を乱用して通門しようとするはた迷惑な人物もいた。数年前にある駐屯地の記念行事で、車両が進入禁止の場所まで自分の車を入れるよう命令し、断った隊員を「俺を誰だと思っている」と恫喝した政治家を思い出す。いつの時代もこういう不遜なふるまいの人間はいるものだ。

あるOOC役員も、ゲートで歩哨から身分証の提示を求められた。そのときは少々むっとしたらしいが、あとから「この厳正さがあるからこそ村内の秩序が保たれるのだ」と思い直し、歩哨勤務員の態度が立派だと防衛庁長官に伝えたことで、長官から隊員へお褒めの言葉があったという。

不法侵入者も逮捕、24時間体制で警衛・パトロール

パトロール班は、村内を巡察して不法侵入者の予防、発見、防止、火災、盗難および災害防止の補助を主な任務としていた。しかし想定外の業務として、村内の交通整理や、ときにはけんかの仲裁まで行なったという。自衛官が見て見ぬふり、あるいは見ても「任務じゃない」と放置できるわけがない。勤務はゲート班と同じく3個グループにわけての交代勤務であり、1個のパトロール班1回の勤務は24時間、パトロールをする場所によって2直制または3直制のいずれかで実施した。

パトロール班は20万坪におよぶ広大な村内の巡察と監視という難易度の高い任務の上、入村のピーク時には1万人近い人と2000台近い車両の交錯する村内の警衛にあたった。それでも1件の事故もなかったというのはさすがである。10月21日夜、第1監視哨では不法侵入者を発見、逮捕している。この出来事も、支援隊の業務の確実性を十分に証明している。

パトロール要員だった天野吉男3等陸曹には、忘れられない思い出がふたつある。ひとつはタクシーに水泳競技の入場券を忘れてしまったフランス人老夫婦を助けたことだ。途方に暮れたふたりは藁にもすがる思いでゲートを訪れ、天野3曹にこのいきさつを話した。天野3曹はものは試しとふたりを連れて競技場へ行き、事情を役員に説明したところ、なんと入場を認めてくれた。夫婦は涙ながらに天野3曹に礼を述べ、機会があったらぜひフランスを訪れて欲しいと繰り返したという。

もうひとつは、選手村内をパトロール中、外国人の大男ふたりのけんかに遭遇したことだ。止めに入る前に、男たちが天野3曹に気づいてけんかをやめ、「エクスキューズミー」と泥を払って立ち去った。「ブレザー姿ではこれほどの効果はなかっただろう」と、OOC貸与の服ではなく自衛隊の制服だったからこその出来事だと思ったそうだ。

選手村（女子村をのぞく）は言語、風俗、地理的条件などの実情に応じて7つの地区に分けられ、管理事務所は各方面隊に各1カ所、空自に2カ所、各地区に配置された。ゲート班同様全員OOC貸与の勤務服を着用し、それぞれサービス業務や管財業務などを実施した。サービス業務とは、94カ国6124名におよぶ選手団の受け入れ、8222件の示達《じたつ》と伝達事項の処理、1652件の修理と裁縫、2076件のプレス業務の取り扱いを指す。さらに各管理事務所に3~5名ずつ、計30名配属された通訳とともに通訳業務を実施したほか、清掃やベッドメイキングの監督なども行なった。

この清掃やベッドメイキング、最初はOOCから「自衛隊がやってくれないか」と要請され、防衛庁が「うちがやるべき業務ではない」と断った数少ないケースのひとつである。

管財業務とは、選手団に貸与された諸物品搬入の立ち合い、収納の補助および鍵の保管などであり、選手団から1737件におよんだ営繕に関する要求の窓口業務を担当した。D地区管理事務所長だった佐藤登2等陸佐によれば、選手団入村の際に「陸軍中佐の佐藤です」と自己紹介すると、「中佐自ら出迎えて選手団の世話をするのか」と驚く外国人もいたという。

IOC会長も賞賛した選手村の運営

各国選手団は、開村日の9月15日に早くも5カ国29名が入村。日ごとにその数を増やし、10月1日に累計62カ国3060名、10日には93カ国5371名と、急激に増加した。同日から18日までをピークに、次第に帰国の途につく選手が増えていき、10月31日に33カ国460名となり、11月4日をもってすべて退村した。

各管理事務所は受け入れ情報の入手や受け入れの内容の変更に対処するなどきわめて複雑多岐な業務を処理し、とくに10月1日からの受け入れ激増時には下番者《かばん》（自衛隊用語で、特定の勤務や配置につくことを「上番《じょうばん》」、それを解かれることを「下番」という）や待機者までも動員して業務にあたった。結果として1件のトラブルや事故もなく、外国人選手団とも終始友好的な雰囲気のうちに支援を無事終了した。

村内における旗章の取り扱いは、覚書によれば「東京広場の国旗掲揚」だったが、ふたを開けてみればそれどころの話ではなかった。国旗掲揚のみならず、国旗の警備に始まり、保管、掲揚中の点検・監視、果ては保管室の清掃まで支援隊が請け負った。結局、東京広場正面ゲート歓迎用国旗の掲揚、開村式と入村式の各国国旗の掲揚、在村各国国旗を毎日掲揚する業務について、群本部と警衛隊からのべ1008名を投入して協力を実施。旗章の取り扱いは内外の人々の注視の中で実施されるし、国際的儀礼の上からも決して間違いがあってはならない。見たことのない国旗だからと逆さに掲揚してしまうようなミスは許されないのだ。しかもここまで旗章に関する業務がふくれ上がったことで要員の確保に苦労した面もあったが、こちらについても1件のミスもなく支援した。

村内輸送班は、班長1名、操縦士3名、大型トラック2両の編成で、9月15日に輸送支援群から配属された。期間中のべ251両、走行距離510キロの村内貨物輸送を行なったが、業務は突発的な場合が多く、夜間におよぶこともしばしばあったという。

このほか、災害対処事案も発生した。9月25日、台風20号の余波を受けて風速20メートルの風が吹き荒れ、選手村も屋根瓦や窓ガラスの破損、倒木、仮設物の倒壊などの被害が出た。しかし支援群のうち勤務についていない125名のほか、ライフル射撃支援隊67名および輸送支援群52名の増援を得て、わずか2時間ほどで村内の復旧作業を完了した。災害時に頼れる自衛隊、半世紀前でも今と変わらぬ姿を見せてくれていたのだ。

このように、選手村の支援は長期にわたり、各業務ともさまざまな困難があり、それぞれ苦心も多かった。しかしついに1件のトラブルや事故もなく任務を完遂した。選手村副本部長の船津国夫氏は『東京オリンピック支援集団史』に、「ローマ大会での選手村で目の当たりにした各種トラブルを東京大会で回避するには、村内管理事務所業務を自衛隊に頼む以外に道はなかったこと（OOC職員だけでは人員が確保できないため）。最初は断られてしまったが再三再四お願いした結果、協力していただけることになり、ようやく選手村運営のめどが立ったこと。その活躍ぶりは台風で倒れたり飛んだりした村内数百本の標識や立木をあっという間に復旧してくださったケースだけでもわかること」と記している。

また、ブランデージIOC会長は「選手村の運営は今までにない最高の出来であり、とくにゲートが規律を正しく守ってくれるので、選手たちは安心して村内の生活を楽しむことができた。日本軍隊は素晴らしい」と語った。実はブランデージIOC会長がIDカードなしに選手村を訪れた際、警衛勤務員は規則に従って入村を認めなかったのだ。ブランデージ会長は素直に従い、ホテルにIDカードを取りに戻ったという出来事があった。それがこのようなコメントにつながったのだ。最上級の賛辞と受け止めていいだろう。

一方、広谷1佐は、今の日本でこれだけの組織力や実行力を発揮して支援できる組織は自衛隊だけとしつつ、「純粋の軍隊」という観点から見ると、このような支援に割り切れぬものもあると述べている。同時に「これが今後の世界における新しい軍隊のあり方を示唆しているのか」ともつづっている。これもまた正直な気持ちだろう。

当時は陸上自衛隊が発足して10年、旧陸軍出身の自衛官がごろごろしている時代である。平和を享受しながらも、その平和の中に存在する自衛隊の立ち位置について考える自衛官は少なくなかったのかもしれない。

輸送支援

自衛隊だけで完結できない特殊な支援

東京オリンピックにおける防衛庁最大かつ困難な協力業務、それは輸送である。それまでに開催されてきた過去のオリンピックでは、いずれも選手輸送がうまく回ったためしがない。オリンピックのために都内に新たな道路が完成したとはいえ、数千人もの選手輸送を滞りなく実施ができるかは、東京大会において大きな不安材料だった。

まず、ここで言う輸送とは、代々木選手村を起点とする選手・役員の送迎輸送で、以下の業務を指す。
●練習のための各練習会場への輸送
●大会参加のための各大会会場への輸送
●開・閉会式参加のための国立競技場への輸送
●公式行事参加のための各会場への輸送
●帰国のための羽田空港、横浜港への輸送
気をつけたいのは「輸送業務」イコール「運転業務」ではないという点だ。確かに自衛隊が運行した車両もあるが、選手輸送のために利用されたバスは、バス会社のドライバーが運転した。自衛官が運転を担当したのは、選手団長が利用するジープや資器材を運搬するトラックである。

オリンピック支援集団は式典支援群や選手村支援群を上回る867名をもって輸送支援群を編成、選手団長や選手の輸送という重責を担当した。協力業務は次のとおり。
●人員・競技用器材の輸送
●代々木選手村を起点に各会場などへの選手用輸送車両（OOC借り上げ）の運行統制

• 輸送業務に必要な通信

輸送支援群は第101輸送大隊（朝霞駐屯地）大隊長を群長とし、輸送学校（朝霞）、第101輸送大隊、各方面隊より選ばれた隊員から構成。

輸送支援群隷下は図表のように本部付隊、トラック輸送隊、選手村輸送支援大隊、通信隊、管理隊で編成されていた。さらに選手村輸送支援大隊には本部付隊、ジープ隊、バス輸送支援隊で編成され、ジープ隊は7個の小隊からなり、バス輸送支援隊には隊本部、選手村支援班、競技場支援班で構成されていた。

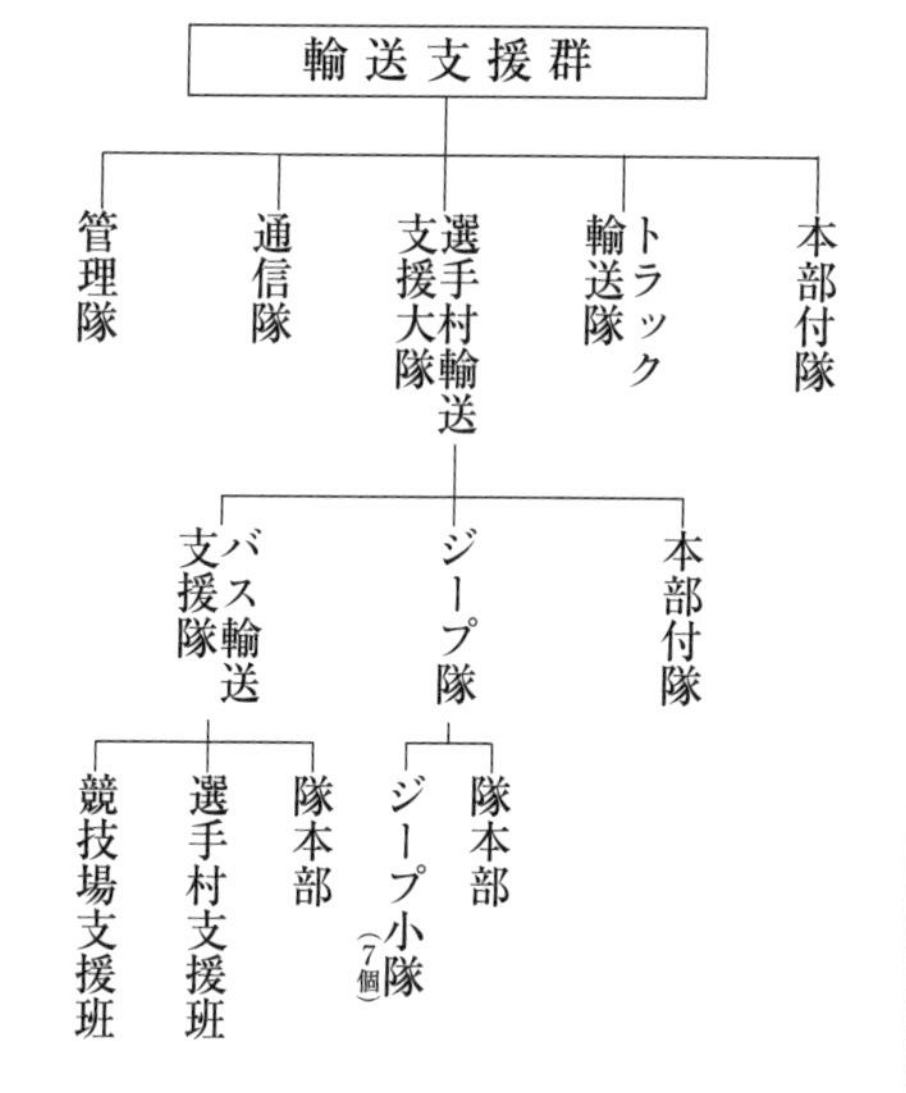

輸送支援群の編成

車両の運転手は全国の各部隊から集められたので、東京都内の交通事情に不案内な者が多い。そのため道を覚えること、信号や交通量の多さに慣れることなど、慣熟《かんじゅく》させるために格別の考慮を払う必要があった。また、この支援ではOOCなどとの密接な調整が必要だったため、これらの関係部外機関と協同して訓練を行なうことが多かった。
すべてにおいて自己完結できる自衛隊にとって、他機関と協同でなにかを行なうというのは研究開発などのごく一部を除き、さほど多くない。今でこそ「自衛隊・警察・消防・自治体が合同防災訓練」といったニュースも珍しくないが、当時はまだ「自衛隊」と「自衛隊以外」の間には厚く高い壁があった。違う世界の人たちと力を合わせて事をなさなければいけないという面でも、この輸送業務は防衛庁・自衛隊にとって競技支援とはまた違ったプレッシャーがあった。

都内の道路を覚えることから始まった

編成完結前の訓練は以下のとおりとなっている。

●協力準備訓練（輸送学校担任）

教育のための準備期間にあたる。1964年1月、輸送学校にオリンピック支援準備室が設置された。輸送学校は2月10日～3月28日の間、支援準備訓練を実施。教官・助教要員幹部2名、曹士14名に対して都内と近郊の交通事情に慣熟させ、競技場などの偵察や資料収集を行なわせたほか、都内での運転にも慣れさせ、その後の教育訓練の準備を行なった。

●ジープ隊基幹要員訓練（オリンピック支援集団担任）

選手団長などを送迎するジープの操縦手には全国から運転技術に優れた人材が集められた。訓練を重ね都内の道路も完全に熟知した。(陸上自衛隊)

車両運転訓練の準備期間である。支援集団は自動車訓練隊を編成、車両操縦手の集合訓練のための準備訓練として、ジープ隊基幹要員訓練を実施した。この訓練には東部方面隊から集められた幹部21名、曹士30名が参加。4月7日~5月8日まで朝霞で行なわれ、教育法、現地の確認、教育計画の作成などを実施して、その後の訓練のための基礎を確立した。

この時期、訓練会場である駒場の東大教養学部でジープ小隊が学生に取り囲まれ、小隊長が軟禁されるという〝事件〟が発生している。梅沢支援集団長の命を受けた企画運用部長の田畑良一1等陸佐が現場に駆けつけ、群がる学生たちに任務の大義名分を説いて小隊長を救出した。まだまだ自衛隊が「日陰者」の時代だ、予期せぬ出来事というわけではなかったかもしれない。

●車両操縦手等集合訓練（オリンピック支援集団担任）

教育の準備、車両運転訓練の準備を経て、ここでようやくジープ運転訓練が始まった。訓練隊を編成し、教官・助教には前述の訓練に参加した者をあて、前段5月9日〜6月30日、後段7月15日〜8月14日までの2期に分けて実施。東北方面隊を除く各方面隊から派出されたジープ隊操縦手要員など304名、車両106両が参加した。ジープ操縦手は全員、走行1万キロ以上、かつ無事故の実績を持つ隊員だ。このうち2万キロ以上は146名、4万キロ以上も24名いて、まさに各部隊操縦手のエキスパートを集めたのである。

主な訓練課目は、路上運転基本40時間、路上運転応用264時間、外国の慣習および作法16時間、英会話48時間、地誌20時間など。この訓練によって、選手団長に提供するジープの操縦手は単独任務遂行の能力を身につけ、また外国選手役員などに接する慣習や作法にも慣熟した。この訓練での車両走行距離は36万8446キロだった。

支援集団の中で隊員が各国選手団長などとじかに接する業務はジープ隊だけとあり、隊員に課せられた責任はきわめて重かった。陸上自衛隊西部方面隊の機関紙『鎮西《ちんぜい》』と『東京オリンピック作戦』に掲載されたジープ隊小隊長の手記には、約4カ月間の訓練を「はたで見るほど生やさしいものではなかった」とある。そして「毎週4時間の英会話、4時間の外国礼儀作

過去のオリンピックでは輸送が常に混乱の原因となっていた。東京大会ではみごとに輸送業務を統制、大会成功の要因となった。(陸上自衛隊)

法、2時間の精神教育、あとは連日操縦訓練の連続でありました。東京の記録的な炎天下に、三日も四日もわけもわからぬ都内を馳せめぐり、すっかりグロッキーになった頃に頭の痛い英会話、いや応なしにいろいろな知識をぐいぐい詰め込まれますと、隊員によっては息つく間もなかったことは明白であります」と続き、隊員たちが心身ともに消耗したことを伝えている。

北海道からやって来たジープ隊の山本洋二3等陸曹は、東京の暑さがこたえると嘆きつつ「操縦訓練は東京見物をしているようで毎日楽しくできた」と述べている。もっとも苦労したのは英会話で「暑さの汗と教官に当てられることを恐れる冷や汗が混じり、英語の時間はつらかった」とも書き残している。
運転の前には1時間近くかけて道路や地理を学んでから縦隊を組んで出発するものの、いたるところで赤信号に引っかかっているうちに、10両のうち2、3両は迷子になってしまう。そのため休日を使って都内各地を歩き、自分の体で道を覚えようという隊員もたくさんいたそうだ。そして訓練の終わる頃には「都内地理をまったく知らず、田舎まる出しの、本当に西も東もわからなかった隊員が、今では支援に関係ある44本の主要道路、70カ所にのぼる練習会場、大会場、それらの会場の競技種目を完全に暗記するようになりました」と記されている。

警視庁やバス会社と連携しての予行訓練

●輸送支援指揮所演習（支援集団担当）

6月下旬、輸送支援指揮所演習を実施。これにはOOC、警視庁、バス、ハイヤー協会などの部外機関の関係者102名も参加した。指揮所演習の目的は、トラック輸送隊を除く輸送支援群とOOC輸送本部の代々木選手村出先機関が行なう輸送業務の研究である。具体的には、輸送申し込みの受付から運行指示などにいたる一連の幕僚業務ならびに事務処理要領について、各種状況下の研究を行なうことだった。この演習によって種々の問題点が解決されたほか、新たな問題点を発見・解明できたことは、その後の業務運営上、きわめて有意義だった。

●原隊における訓練
北部方面隊：7月上旬に1週間、輸送支援群通信隊要員集合訓練を実施。
中部方面隊：3月16日～4月4日、4月13日～18日、海田市でジープ隊要員に対して集合訓練を実施。
西部方面隊：6月29日～7月11日、久留米で輸送支援群要員に対して準備教育を実施。
編成完結後の訓練は以下のとおりである。
●輸送協力演習
OOCがバス会社から借り上げたバスの運行統制（運転はバス会社が担当）、選手団長に対するジープ送迎の提供要領、後方指揮所（朝霞）の業務などの輸送支援実施要領について、各隊の配置運用および各隊・班・係の業務処理要領を、想定を設けて訓練。
●開会式輸送予行演習
OOC、警視庁と調整し、9月13日早朝に開会式輸送予行演習を実施。これは支援群から663名、車両195両、警視庁から145名、白バイ45両、パトロールカー8両、バス協会から大型バス6両が参加して行なわれた。警視庁の強力な交通統制下に、村内におけるバスの出発統制、運行要領、明治公園における下車・車両待機要領、また帰村のための空車の待機要領およびバスの出発統制、運行要領などについて実施するという、予行だけあって本番さながらの大がかりな演習となった。結果はすべて計画どおり順調に行なわれ、開会式当日の輸送支援を成功させる自信をつけた。

なお、輸送業務に必要な通信はすべて東北方面隊の隊員で編成され、110名で輸送通信隊を担任。9月7日に代々木の輸送センター内に無線通信所を開設し、朝霞広報合同指揮所との通信とFAX系の運用を行なった。

通信支援は選手団輸送の配車計画のみならず式典から各種競技まで、なくてはならない最重要業務であるにもかかわらず、日の当たることの少ない任務でもある。それでも外部の人に堅苦しさや威圧感を与えないよう、無線通話の終わりで陸自が通常使っている「送れ」という言葉を、わざわざ「どうぞ」に改めていた。通信文も自衛隊ならではの用語を控え、できるだけ平易な言葉を用いたという。このような細やかな気遣いをできるのが、自衛隊のいいところだ。

輸送支援群通信隊長の鶴野泰生3等陸佐は、選手団入国の時期にその状況を羽田から輸送本部に伝えて本部長に喜ばれたことと、開・閉会式の輸送にともなう通信で役に立てたことを回想録に記している。

出発前の整備を行なう輸送支援群の車両と支援隊員。どの隊員も原隊の代表として支援業務に従事しているという誇りを抱いていた。(陸上自衛隊)

長きにわたる支援のスタート

支援群は9月15日以降、各国選手団の選手村入村にともない、各国選手団長に対するジープ送迎の提供、選手を各練習場・競技場などへバスで輸送するための運行統制、競技用器材などの輸送を担任した。その業務は開会式前の10月5日～6日がピークで、1日平均バス130両、ジープ95両が早朝から深夜まで活動した。大会期間中はむしろ輸送量が減少したが、帰国輸送などの協力が始まると、再び一時的に輸送量が増大したこともあった。これらの協力はOOC輸送本部（赤坂）との緊密な連携のもと、OOC輸送出先機関（代々木）、バス、ハイヤー協会、警視庁などの各関係者の協力を得て終始円滑に実施された。

協力の内容を細かく見てみる。まず人員と競技用器材などの輸送だが、各国選手団長に対するジープの提供はジープ隊が担当、参加各国選手団94カ国に対し、各ジープ1両を提供した。運転はもちろん厳しい訓練を重ねて都内の地理にすっかり精通した操縦者たちである。協力時間は朝8時から18時までの10時間を原則としていたが、18時に任務終了となる日はまずなく、早くても19~20時、選手団の中には活動が深夜におよぶものもあった。協力期間は9月15日から11月5日までの51日間、のべ支援ジープ車両5216両、全走行距離は250万889キロにおよんだ。

外国人と直接、接するジープ隊はエピソードにこと欠かない。メキシコの選手団長は協賛企業提供の車両とジープが並んで待機していると、乗り心地の悪いジープのほうにわざわざ乗って来て、協賛車両の乗用車をすすめた通訳に「ジープのドライバーは友だちだからこちらに乗る」と言ったこと。暇さえあれば陽気に歌っているコロンビアの選手団長や役員。隊員が「ブエノスディアス」とあいさつすれば相手は「オハヨウ」と返してくる間柄となり、空港で別れの際には互いに目頭を熱くしたこと。さんざん勉強させられた英語をまったく使う機会がなかった隊員もいたようだ。

選手用輸送車両の運行統制は、各国選手が希望する時刻・場所へOOC借り上げバスで輸送するための、バスの運行を統制する業務である。さまざまな組織が関わると指揮系統が混乱し業務に支障をきたす恐れがあるため、選手村輸送支援大隊本部を改編して選手村輸送支援大隊指揮所を設置した。この指揮所が計画機能と実行統制機能を持ち、計画業務を円滑に実施するとともに指揮の一元化を図った。

実は、運行統制の計画業務は本来ＯＯＣの担任だったのだが、実際に動いてみると、自衛隊が統制したほうが部隊との調整や連絡がスムーズにいくとわかったのだ。そのため、支援群は競技種目別に編成した各組からなる計画係をＯＯＣ出先機関に派遣して、その業務を代行させた。運行要領としては、直行運行・ピストン運行を主体とすること、同一車両を使用すること、定時運行を厳守することを実行した。

業務処理手順は４段階からなる。まず選手団からの練習要求により、ＯＯＣ所掌《しょしょう》の練習事務所が練習場割り当てを行なう。次に計画係がバス協会、白バイ隊と調整し配車運行のための計画を決定、そしてこの計画に基づき、バス輸送支援隊の選手村支援班が村内のバスターミナルでバス発着の全般統制などを行なう。最後は競技場支援班（ＦＴＯ）が各会場などにおける選手の乗車案内、バスの発着統制および予備車の緊急手配などを行なう、という具合だ。

バスの発車時刻を担当したバス輸送支援隊の榊原正和２等陸曹によれば、発車ホームごと、行き先ごとに選手村に発着するバスの時間を調べ上げ、それをもとに時刻表を作成したという。細かい仕事で疲労するなか、バスターミナルや村内駐車場の手伝いに行き、外国選手と身振り手振りを交えて会話をするのが楽しみだったそうだ。

「定刻に出発させる」バス輸送支援隊

協力業務の中には、開・閉会式に参加する選手団輸送の運行統制という最大の難関があった。選手団が式典に遅刻するなどあってはならないから、分単位の計画で統制しなければならない。結論から言えば、開会式で188両、閉会式で98両という大量のバスの運行をそれぞれよく統制し、選手たちは遅刻することなく会場入りすることができ、式典を成功に導くことができた。協力期間中、選手輸送のためのバスの運行台数は3749両、全走行距離は26万4292キロで、FTOはのべ432カ所、1214名を配置して協力した。

しかし輸送支援群長の弘光伝1等陸佐にとっては、開会式は胃の痛くなるような展開だった。会場に向けて出発する準備が順調に進んでいることを祈るような思いで、バス出発地点にいる隊員に連絡したところ、なんと間もなく出発だというのに選手たちの3分の1しかバスに乗車していないという。7000名を超える選手を188両のバスで34分かけて運ぶ、この緻密な計画を完遂するために、警視庁やバス会社などと調整を重ね、しつこいほどに隊員の教育を行ない、万全の備えで当日に臨んだというのに、肝心の選手が乗らないとは。

弘光1佐が「乗らない者はそのままにして予定通り発車」と命じると、しばらくして「予定通り発車」という連絡が入った。だが、選手は全員乗っているのか、34分きっかりで遅れることなく会場に到着できるのか、まだまだ緊張は続く。やがて先頭を走るバスが姿を現した。1分の狂いもなく予定された時刻に、選手全員を乗せて。弘光1佐は万感胸に迫る思いだったという。

競技場のバス停留場でバスの発着を統制するという一見単純に思えるこの任務には、毎日のようにさまざまな出来事が起こった。たとえば競技が終わって選手たちがいっせいに会場から出てくると、サインを求める人に取り囲まれてなかなかバス停に近づけない。あるいは選手たちが記念撮影に夢中で乗車しようとしない。バスの発車時刻はじりじりと迫る。隊員のほうは定刻にバスを出発させることが任務だから、さぞや胃の痛む思いをしたことだろう。

一方、22時過ぎの最終バスですべての選手を乗せる必要があるのだが、インタビューが終わらない選手ひとりのために発車できず、すでに乗車している選手たちが苛立って「さっさとバスを出せ」と急き立てる。また「制服を着ている人」という信頼感、安心感があるのか、競技場や道路から地下鉄乗り場まで、実に多様な質問を受けたという。

選手の輸送はバスが使われたが、イレギュラーでトラック輸送隊のトラックが使われたケースもあった。同隊の原口宇大2等陸曹によれば、「自分たちのトラックはいわゆる軍用車なので、華やかなオリンピックの場面には少々そぐわない。それに選手を乗せるわけでもないし走行は夜間が多いけれど、それでも十分すぎるほどの整備を行ない、ワックスをかけてピカピカに磨き上げていた」という。それが開会式の日、バスがすべて出払っているときに、開会式に参加せず練習に向かう選手の送迎をトラックで行なうことになった。乗り心地が悪いと選手から苦情が出ないかはらはらしたそうだが、むしろ選手たちはもの珍しさもあって、喜々として乗車してくれたという。なかには助手席に乗り込んで隊員を困らせる者までいたそうだ。

輸送のための運行統制業務は長期にわたって行なわれ、複雑多岐、広範囲におよぶものだったが、一度の事故もトラブルもなく、また選手団からの苦情もまったくなかった。支援群のための自隊管理支援車両数1108両、全走行距離7万4409キロにおよぶ膨大な協力は、こうして無事任務を終了した。

輸送支援大隊ジープ隊長の磯前芳夫3等陸佐は『東京オリンピック支援集団史』に、支援成功の理由を「各方面隊・各駐屯地におけるジープ隊要員の厳選において半ばを決し、支援集団自動車訓練隊においてその90パーセントを決した」と書いている。たとえば、竹松駐屯地（長崎県大村市）からただひとり参加した3等陸曹は駐屯地司令のドライバーだったが、「立派にやらねば司令に申し訳がない」と個人行動にまで細心の注意を払ってベストコンディションの保持に努めたという。また、北部方面隊の陸士長は編成上やむをえず管理隊に異動となったとき、「十余名の中から選ばれてきたのに、ジープ隊操縦手になれないのでは駐屯地に帰れません」と泣いて訴えたそうだ。磯前3佐は、このような厳選された隊員と任務に対する責任感が支援成功をもたらした最大の力であり、さらに激しい訓練に耐え抜いて在京者をしのぐほどのスキルを短期間に身につけたことも要因に挙げている。

OOC輸送通信部長の多田潔氏は、『東京オリンピック支援集団史』に「隊友の支援に感謝する」という一文を寄稿している。それによれば、選手団の輸送をいかに円滑に行なうか、その適否は大会全般の成否を左右する鍵であるとされていたという。警察予備隊の最初の幹部として入隊したという自衛隊OBの多田氏は、以下のように自衛隊の働きを絶賛している。

寸分狂いのない運行統制はどれだけ利用者に安心感を与えたかしれません。(中略)私はまた輸送統制を支えた通信隊の活躍を忘れません。相次いで到着するチャーター機が吐き出す選手団のために手際よく輸送のサービスができたのは、通信隊諸君の働きのうちでも人に知られないだけにいっそう素晴らしいものでありました。(中略)輸送は本来サービスであり本来の目的に対しては第二次的の評価しか受けないものです。誰も何もいってくれないときで及第点です。今度のように各方面から礼を言われるということは望外のことであり、それだけ隊友諸君の働きが際立って素晴らしかったことの証拠です。

これだけ多くの関係機関と連携しつつ協力業務を行なったことは、オリンピックの成功に貢献しただけでなく、自衛隊にとって非常に大きな、そしてきわめて貴重な財産となったことだろう。隊員たちは同じ公的機関である警視庁や営利を追求する民間企業に、自衛隊にはない発想や思考、実践方法などを見たはずだ。通常の訓練や演習では決して得られない、教本にも載っていない多くのことを、隊員たちは学び得たのだ。

航空支援

新機種をお披露目、航空輸送支援

航空輸送を担当したのは、航空自衛隊ではなく陸上自衛隊の航空部隊である。協力業務は次のとおり。

- 総合馬術、近代五種競技（野外騎乗と断郊競技に限る）での役員の輸送
- 総合馬術における患者の緊急輸送、役員および選手で、とくに必要と認められた者の輸送
- 記録映画・ニュース映画・テレビ中継用器材および当該要員の輸送

霞ヶ浦駐屯地で編成完結式を行なう航空支援隊。要人の送迎だけでなく、マラソン完全中継や急患輸送などでも高く評価された。後方のヘリコプターは左からH-13KH、UH-1B、H-19。（陸上自衛隊）

航空支援隊は第1ヘリコプター隊（霞ケ浦駐屯地）を基幹に、航空学校と東部方面隊航空隊から選抜された隊員63名で編成された。

編成完結前の訓練としては、1964年7月17日、第1ヘリコプター隊において準備をスタート。ほかの支援隊に比べてかなりスロースタートだが、航空輸送はそもそも航空部隊の通常業務。訓練といっても飛行ルートや会場の確認くらいしかやることもないはずなのでなんら問題ない。しかし実はこの時期、第1ヘリコプター隊は陸上自衛隊初の汎用ヘリである新機種UH-1Bを、東部方面隊航空隊も汎用ヘリ新機種H-13KHの受領を控えていた。時期が重なるだけに、オリンピックでの航空輸送はぜひこれらの新機種でと上層部が思うのは無理もない。そのためには操縦訓練や整備訓練が必要になる。しかしいずれの機種も予定より受領が遅れたため、訓練期間が減ってしまった。

『東京オリンピック支援集団史』にある航空支援隊長、内田精三2等陸佐の回想によれば、本来は年度内に納入される予定だった新機種の納期を早めてもらったとある。つまり予定よりは早く届いたが、希望した日よりは遅かったということなのだろう。そのため内田2佐は操縦よりも整備の面でのトラブルを危惧していたそうだが、結果的には深刻な問題は発生することなくフライトできた。その背景には整備員の努力をはじめ、部品を調達する部署の適切な措置、さらにメーカーの積極的な技術援助もあった。オリンピック支援集団の隊員以外の尽力もあったことがあらためてわかる。

UH-1Bの操縦訓練は8月10日〜9月12日まで167時間の飛行を実施、整備については8月1日〜11日までの室内教育と8月20日〜9月10日までの野外訓練を実施した。東部方面隊航空隊も訓練は第1ヘリコプター隊とほぼ同じ要領で、H-13KHの操縦訓練は8月15日〜9月10日までの86時間、整備訓練は8月12日〜9月10日までの間に室内教育7日、野外教育25日を実施した。なお、航空学校は操縦、整備ともにこれまで長い訓練と実務の経験があるため、オリンピック支援のための特別な技術教育は実施せず、9月11日〜13日まで約8時間の共通教育のみ行なった。さすが航空学校の実績がもたらした余裕だろう。

迅速な緊急搬送からまさかの不時着まで

軽井沢で行なわれた総合馬術競技に対しては、役員、患者の輸送のため中型・小型ヘリ各1機、隊員9名を10月12日～21日までの間、馬術支援隊に配属して協力させた。あいにく天候不良の日が多く、活躍の場面には恵まれなかった。15日に千葉市検見川で行なわれた断郊競技では、支援隊は2機のUH‐1Bで競技審判長などの役員を東京から送迎した。

役員と選手の緊急輸送については、中型・小型ヘリ各1機を朝霞に常時待機させるとともに、必要に応じて戸田、検見川、相模湖の各ヘリポートに前進させるなどの処置を講じた。大会期間中はIOC（国際オリンピック委員会）会長をはじめ、OOC役員などの緊急輸送要請がたびたびあったが、そのつど適時適切に任務を遂行した。

10月12日と13日、漕艇競技中にそれぞれ1件の緊急処置を要する患者が2日連続で発生。支援隊は特別の要請を受けてただちに朝霞を発進、戸田から選手村までわずか12分で空輸した。この迅速な対応は大きなニュースとなり、当日の新聞は「救護の金メダル・プレー」と内外に報道した。日頃の訓練の成果が発揮された出来事だった。

さらに、10月22日にはOOC事務総長ほか役員を相模湖に送迎した帰路に天候が悪化。視界が悪くなったが、機長の適切な状況判断により急きょ予定のコースを変更、神奈川県平塚市の民間工場の空き地に着陸して事故を未然に防いだ。オリンピック期間中に自衛隊のヘリが緊急着陸したことが、当時どこまで大きなニュースになったのかは不明だが、無理をせず帰路途中で着陸することを選んだ機長の選択は称賛に値するのではないだろうか。悪天候の中を進むのは勇気ではなくただの無謀である。オリンピックだから、ニュースになるから、評価に響くから。機長はそういう邪念に振り回されなかったのだ。

『東京オリンピック作戦』には、この不時着したヘリの操縦士であった曽根章1等陸尉の手記が掲載されている。それによれば、「気象予報官のいない目的地で飛行経路の天候を完全に把握できない状況だったので無理はできずやむを得ない選択」だったとある。そしてここから先に知る人ぞ知る秘話があるのだ。曽根1尉の手記を引用する。

「このときの不時着において、もっとも印象に残り、また感激したのは、着陸した工場における好意的な温かい援助であった。着陸後、事務総長一行を平塚駅まで送るハイヤーを手配しようとしていたところ、工場の車を直ちに提供され、また天候がますます悪化して帰隊不能となると、夜間の機体の照明、警備、さらに宿舎（新築の未使用社宅）、食事、入浴など一切の面倒を積極的に申し出てくださった。社宅の奥さん方は、機体に集まる子供達をそれぞれ連れ帰って、われわれの休息を図り、寝具、洗面具、電球、灰皿、ラジオ等に至るまで、あり余るほど持ち寄って、親身になって世話をしてくださった。

同乗の丹沢一尉、三沢二曹ともどもお礼の言葉もないほどであった。工場の寮の食堂では、若い工員さんたちも『自衛隊はやりましたね。テレビでマラソンを見ていて涙がでるほど嬉しかった』といってくれた。（中略）ウロコ製作所（本社函館）平塚工場の名は、感謝とともに一生忘れないであろう」

工場に突然不時着した自衛隊のヘリを迷惑がるどころか、親切に世話をしてくれたとは、ヘリの乗員でなくても胸が熱くなる。これこそホスピタリティ、最高のおもてなしである。

調べたところ、ウロコ製作所は合板製材機械メーカーで2002年に倒産、同年に株式会社ウロコマシナリーが設立された。平塚の工場はなくなったが、現在も函館で合板機械の設計・製造を行なっている。

五輪史上初、マラソン完全中継

記録映画・ニュース映画・テレビ中継用器材および当該要員の輸送に対する協力は、のべ飛行時間165時間中125時間を占めた。9月15日から協力を開始し、17日からは広島および宇和島方面、10月2日からは新潟県の親不知方面において聖火リレー撮影のため連続14日間行動した。また、聖火入京時には丸の内および新宿ビル街上空から聖火の撮影に協力した。

これらの支援でいちばん苦労したのが記録映画支援機だったらしい。編成完結直後から広島で撮影開始、ところが到着翌日に機体の一部に故障が生じ、すぐさま部品と代替機を現地に急派した。やれやれ一安心と思いきや、今度は宇和島付近を撮影中に台風がやって来て防府に退避するなど、アクシデントの連続だったようだ。さらに親不知付近での長い支援。しかもカラーフィルムを使用しているため天気に振り回される。せっかく飛んでも撮影しないこともたびたびで、内田2佐は腹を立てそうになるパイロットを必死に慰め励ましたという。

一方、ニュースカメラマン支援機は事前の調整も実際の運航もスムーズに行なわれたそうだが、ニュース映画支援機は同乗する16ミリと35ミリのカメラで別々の要求が出て、機長は両者の調整に苦労したこともあった。

そして、10月21日のマラソン当日は、折からの悪天候にもかかわらずテレビ中継のため低空・低速度で飛行。延々3時間にわたり〝小型通信衛星〟としての機能を十分に果たし、オリンピック史上初となる全コース完全中継を成功させた。この活躍ぶりは当日のテレビ映像を通じて広く内外に報道された。なお、報道関係の協力はほぼ毎日行なわれた。『東京オリンピック作戦』にはマラソン中継のためのフライトを担当した操縦士の手記も載っている。それによると、無事に任務を終えて着陸したところ隊長以下部隊の全員が整列して出迎えてくれ、「今までの緊張と疲労感はすべて吹き飛び、ただ目頭が熱くなるのを覚えた」と記されている。

ところで、ヘリが〝小型通信衛星〟としての機能を果たしたとはどういうことか。これはマラソンの全コースを完全中継するために不可欠なものであり、ＮＨＫがオリンピックのために開発、準備してきた新技術のひとつである。

ＮＨＫアーカイブスのウェブサイトには、この東京オリンピックをはじめとするスポーツ中継の担当者（安藤初夫、杉山敏夫、西田善夫の各氏）の座談会である『東京オリンピック　製作者座談会』が収録されている。ここでマラソンの中継について触れているので、その一部を以下に抜粋する。

――技術革新という点では、「カラー放送」「衛星中継」と並んで、マラソンの移動中継がありますね。

安藤：それまで、マラソン中継というものは、走る沿線にずーっと何台か受信機を置いて、移動中継車から映像を送る、というスタイルだったんです。ところが、東京オリンピックの時は、甲州街道のビルやケヤキ並木があって、すべての映像を地上の受信機に送る方法は困難だった。そこで、ヘリコプターを使ったんです。自動的にヘリコのアンテナが受信機のほうに向いてくれて、その映像を放送センターのほうへ送る自動追尾という装置を開発して、何度も実験を繰り返しました。ただ、問題なのは、ヘリコがマラソンの選手よりも速いということなんですよ（笑）。

西田：そうか、ゆっくり飛ばなくちゃいけないわけですね。

安藤：そう。ゆっくり飛ぶには、ホバリングをしなきゃいけない。あの時のヘリコプターは自衛隊から借りたんです。ホバリングって、これは相当、神経使ったと思います。本当にねえ、あの操縦士さんのおかげですね。
杉山：そうですね。最大の殊勲者は僕も、あのパイロットだと思います。
西田：その後のオリンピックで、外国のアナウンサーにも言われました。「東京の時に、マラソンでスタートからゴールまでずっと映像があるので、びっくりした」と。ただね、あの時、陸連が許可してくれたのはテレビ中継車1台、ラジオ中継車1台だけなんですよ。だから、テレビ中継ではアベベ選手（エチオピア）が18キロでトップに出て来ちゃってからは、単独で折り返して、ずーっとアベベ独演会なんですよね。〝独走〟じゃなくて〝独演〟ですよ。だから銅メダルの円谷（幸吉）選手は気の毒で、途中2位に上がったところの映像がないんですよ。
杉山：もちろん、今、考えると、もう1台中継車が欲しかったけれど、僕はね、東京オリンピックで最大の実績は、やっぱりマラソンの完全生中継だと思うんです。ＮＨＫのスポーツ中継っていうのは、まさしく技術の中継であって、テレビの初期にあれを成功させた挑戦意欲と完遂力は本当にすごいと思います。

市ヶ谷駐屯地からUH-1Bに乗り込むブランデージIOC会長（右から3人目）。日本びいきで、東洋美術の世界的コレクターとしても知られた。（陸上自衛隊）

「ヘリコプターは自衛隊から借りた」と、あたかも機体だけを貸してもらったような印象を与える談話だが、そこはくれぐれも誤解のないよう。ヘリを運用したのは航空支援隊第1ヘリコプター隊、操縦士は橿原福二郎1等陸尉である。

なお、ブランデージIOC会長を市ケ谷から江の島へ送迎した際、会長は搭乗時に整列して待つ隊員たちに挙手の礼をし、フライト後は通訳を介して「誠に立派な飛行だった」と、クルーと握手を交わしたそうだ。

衛生支援

「婦人」自衛官が活躍

衛生分野の協力は東部方面隊隷下の衛生部隊および業務隊と、中央病院、北部・中部・西部各方面隊の22もの部隊や病院から選抜された隊員が担任、衛生支援隊は85名で編成された。

協力業務はライフル射撃、クレー射撃、近代五種（馬術、ピストル、断郊）、総合馬術、漕艇、カヌーにおける選手、役員、観客などに対する救急および指定病院、選手村診療所への患者後送などである。

編成完結前の訓練としては、東部方面隊隷下の衛生科諸部隊は1964年4月から診療英語、包帯法、副子法、蘇生法の訓練を重ね、練度の向上を図った。6月9日には隊長以下の基幹要員が座間の米軍病院を視察、一部の救急装備品に関する新知識を、また7月と8月の2回、三宿と市ケ谷において救急処置およびヘリコプター後送訓練を行なった。この訓練は衛生班要員と女性自衛官（当時はまだ婦人自衛官という呼称だった）が参加し、急患空輸について実践的な研修を行なった。

8月27日には東部方面隊衛生科主催により各支援衛生班長、管理班長に対する集合教育が行

当時の婦人自衛官の職種は看護婦のみだった。海自・空自に婦人自衛官が登場するのは10年後の1974年。(陸上自衛隊)

なわれた。とくに競技実施規定と救急との関連性(たとえばマラソン選手に対してタイミングを考えずに応急処置すると、その選手が失格となってしまうなど)について の教育を受けた。編成完結後の訓練は、全隊員に対して協力上の心得、救急マナーなど共通教育を行なったほか、中央病院専門医官によるレサ・テーター(人工蘇生器)の使用法、救急法の訓練を実施し、協力に必要な能力の向上に努めた。10月に入ると医官ならびに女性自衛官からなる診療班をその指揮下に入れた。

いちばん多かった患者は支援隊員

支援の実施は、9月15日~10月9日の練習への協力、10月10日~26日までの大会期

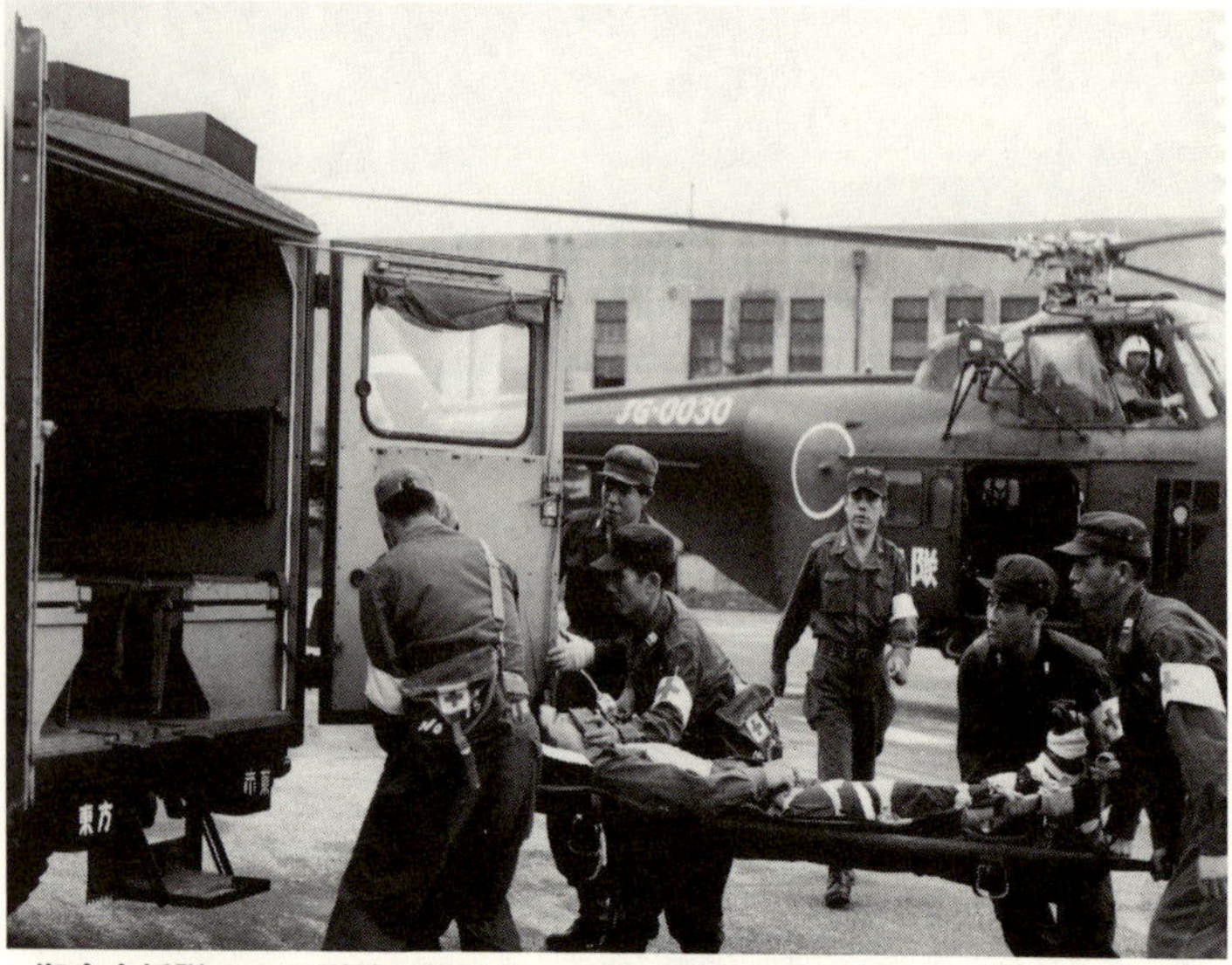

衛生支援隊による訓練の様子。その場で応急処置を施し、必要とあれば救急車やヘリで病院に搬送する。(陸上自衛隊)

間中の協力に分けられる。練習時期は原則として診療班を配置することなく、衛生班による処置後送を主体とした。しかし10月5日に診療班が朝霞に集結を完了したので、期間前ではあったが前倒しで応急治療も実施した。医官がいるのに「開会前なので診察しません」は、さすがにできなかったのだろう。

10月12、13日の両日における外国漕艇選手(急性心不全患者)2名が戸田漕艇場から選手村診療所にヘリコプター搬送されたことは、「航空輸送支援」で前述した。救急支援実績結果表によると、のべ処置患者数は選手107名、役員411名、観客89名、支援隊員（練習期間193名、大会期間237名）430名の計1037名。大会期間中の選手の競技別救急支援実施はライフル射撃3名、クレー射撃6名、近代五種1名、漕艇28名、カヌー18名の計56名。支援隊員に対する処置がもっとも多かったのは意外に思えるが、艦艇部隊を除けば約5000名の隊員が開会式前から協力を実施しているのだ、体調不良者や負傷者が出るのは当然であり、オリンピックの支援はそれだけ肉体的にも負担の大きなものだったということだろう。

衛生支援隊長の稲木俊三2等陸佐が『東京オリンピック支援集団史』に残した記録によると、欧米各国の選手は胃炎の際にかならず重曹水を欲しがり、「近代日本医学の盲点を突かれたように思った」そうだ。また、婦長の石川カク1等陸尉によると、外国人選手に対しても言葉の壁から診療などで不手際が生じるようなことはなかったという。さらに和光新二3等陸曹はOOCの医務担当官から「自衛隊との折衝がいちばん楽しい。ほかの各機関のように窓口がはっきりしないということもない。自衛隊の統制力・機動力はまったくすばらしく力強いものだ」と絶賛され、「あながちお世辞ではない」と思ったという。

航空自衛隊の支援

アウェーのハンデに耐えつつ支援の準備

東京オリンピックの成功には自衛隊の協力が不可欠だった。一般の国民から見れば「自衛隊」とひとくくりにとらえていても、実際は陸上自衛隊・海上自衛隊・航空自衛隊というそれぞれ活動の場が異なる三組織が存在している。そしてオリンピックの支援は、陸上自衛隊が中心となって行なわれた。

海上自衛隊はヨット競技支援を一手に引き受けたほか、開・閉会式における旗章隊の派出、艦艇要員も含めると2500名以上もの隊員を支援に投入した。出番こそ少ないが、海を会場に繰り広げられるスケールの大きなヨット競技を支援するのだから、まさに水を得た魚である。

しかし航空自衛隊は、海自のように「ヨットと旗章」のようなシンプルな支援とはいかなかった。そもそも空が職場なのに、航空輸送は陸自の航空部隊にお株を奪われてしまっている。

そのため空自の場合は1963年6月、陸自と協議し、陸自の担任する協力の範囲のうち式典（奏楽、旗章）の一部と、クレー射撃、漕艇、選手村（管理事務所運営の一部）を担任することになった。クレー射撃と漕艇については空自のみによる支援だが、そのほかは陸自の支援隊に組み込まれるかたちとなったので、編成完結直後は〝アウェー感〟たっぷりだったのではないだろうか。

同年10月の国際スポーツ大会に、第2航空教育隊（熊谷基地）を基幹とする60名の臨時競技支援隊を入間基地において編成して大会に協力、クレー射撃競技支援を実地に習得した。1964年1月には航空幕僚監部オリンピック支援準備室を設置。7月初旬に準備要員の集結を始め、中旬には選手村協力の主要幹部の集結など逐次陣容を整え、8月14日に選手村要員の集結を完了し、また同日管理要員の集結もほぼ終了した。

クレー射撃、漕艇、旗章などに協力する要員は、その主力を第10期空曹候補者課程修了者から選抜する関係上、教育の終了する9月12日をもって集結を開始したため、全員の集結は9月13日となった。任期制隊員から自衛官を職業とする空曹となった最初の任務がオリンピック支援とは、なかなかドラマチックである。ただ、実際には教育課程中にすでに戸田漕艇場での訓練に参加するということもあったので、教育隊は支援に参加する者と、しない者を抱えることになり、支援隊員の選定やその訓練、教育プログラムの2本立て、選ばれなかった者の士気の維持・向上など、難しい問題も少なくなかったようだ。

翌14日に航空自衛隊支援隊の編成完結式が挙行された。協力部隊は中部航空警戒管制団司令のもと、隊本部26名、管理隊44名、奏楽支援隊72名、旗章支援隊74名、選手村支援隊38名、漕艇支援隊68名、クレー射撃支援隊114名で構成された。

配置は本部、管理隊、クレー射撃支援隊と漕艇支援隊は入間基地、旗章支援隊は練馬駐屯地、選手村支援部隊は朝霞駐屯地、奏楽支援隊は立川基地。旗章支援隊と選手村支援隊は支援終了まで陸自の駐屯地で過ごすことになったわけで、陸と空の異なる文化や慣習の違いに戸惑うこともさぞや多かったことだろう。9月15日〜11月15日までの間に支援集団の業務に充当した人員はのべ1万4200名、車両のべ600両、総走行距離8万4000キロにおよんだ。

部隊ごとの概況として、中部航空方面隊は協力部隊の編成準備と陸幕ならびに東部方面総監部との調整を行なった。中部航空警戒管制団は、所在地である入間基地に250名以上を受け入れる根拠地となった。7月18日、基地内の米軍施設（戦後は米軍が「ジョンソン基地」として使用。1958年から航空自衛隊の入間基地となった）を支援隊の収容施設として借用、事務所を移転するとともに本部および管理隊の宿舎とした。9月13日にクレー射撃支援隊要員と漕艇要員も加わり、全支援隊員要員の受け入れを完了。中央航空通信群は漕艇を担当、第1航空教育隊（防府基地）は旗章隊として式典に協力。第2航空教育隊（熊谷）はクレー射撃のほか、中央航空通信群だけでは人員が足りないため漕艇の協力も行なった。航空音楽隊は1964年4月より一部増援要員の教育を開始した。

現在の自衛隊音楽隊は音大卒が当たり前、高度な演奏技術を持つ者が入隊してくる。とくに陸自の中央音楽隊、海自の東京音楽隊、空自の航空中央音楽隊は各自衛隊のセントラルバンドとして国家行事での演奏を担っているほか、海外に招かれ演奏する機会も少なくない。毎年秋に日本武道館で行なわれている自衛隊音楽まつりやセントラルバンドだけで開催される合同コンサートでも、みごとな演奏を披露している。今や音楽隊に所属するのは狭き門の人気職種だ。

しかし当時は音楽隊に配属されてから初めて楽器に触れるといった隊員も珍しくなく、現在のように世界の軍楽隊の中でもトップクラスの実力を誇るというレベルではなかった。だがオリンピックでは開・閉会式のみならず全競技・全種目の表彰式があり、そのつど奏楽が必要となる。現有の音楽隊員だけではとても足りず、増援要員を急きょ育成しなければならなかったのだ。同時に、西部航空方面隊などの協力要員予定者に対しても巡回技術指導を実施、演奏技術の向上を図った。

ブルーインパルスによる五輪飛行

１９６０年、オリンピックローマ大会の準備が進められていた頃、空自内では「東京大会で、５色の煙で五輪模様を描く」という構想が生まれた。そこであわせて、着色煙の発煙法と発煙油の製造などに関する開発に着手、技術研究本部に依頼するとともに着色油製造業者の池田化学工業株式会社にも協力を求め、三者一体となって研究を進めた。

飛行の研究については、飛行教育集団隷下の第1航空団特別飛行研究班（当時）、いわゆるブルーインパルスが1962年初頭から浜松北基地において開始した。そして、1963年5月23日に〇〇Cの式典関係者を浜松に招き研究成果を発表。続いて12月7日には〇〇C副会長など18名を再び浜松に招き飛行展示した結果、開会式式典に格別の光彩を添えるものであり、かつ技術的にも「可能性がある」と意見が一致した。

しかし、五輪飛行実現への道のりは険しいものだった。まずF-86Fジェット戦闘機で五輪を描く飛行技術を習得しなければならない。〝超絶的〟な展示飛行に慣れているパイロットたちですら、輪の構成や五輪のつなぎ具合などに難があり、なかなか美しい円を描くことができない。この克服のため厳しい訓練を重ね、1963年5月から開会式当日までの訓練の飛行時間は188時間55分、使用したのべ機数は207機におよんだ。

着色発煙油の開発も一筋縄ではいかなかった。着色煙は華麗な色を連続発煙させ、しかも相当時間空中に残存させることにポイントを置き研究開発。方法としては、①霧吹きの原理を利用して着色霧を発生させる、②薬品を燃焼させて色煙とする、③ジェット排気中に噴射してその蒸発により色煙を発生させる、という3種類が候補となったが、実験の結果、③のジェット排気中に噴射してその蒸発により色煙を発生させる方法を採用した。

発煙油については、研究室での模擬試験装置による染料の選定やF-86Fによる地上発煙試験、実用のための飛行試験など各種テストを重ねた結果、1961年9月にまず黄色、青色、赤色の発煙油、同年末には緑色発煙油の製造に成功した。意外にも難航したのが黒色発煙油で、1963年5月に開発に着手、同年11月に一応の見通しを得る段階に達した。

展示飛行に慣れているブルーインパルスも五輪マークをきれいに描くのは難しく、厳しい訓練を重ねた。発煙油の開発にも苦労した。(陸上自衛隊)

1964年3月、浜松北基地において技術研究本部第1研究所長、第1航空司令をはじめ多数の関係者立ち合いのもとに、発煙油の配合、割合、混合方法、吐出量、吐出においてのポンプロード、回転数変化による色調および煙量および残置性の各項目にわたる総合的な試験を実施。この結果、色調においては黒色にやや難点が残ったため引き続き研究を重ねることとした。また、飛行高度は1万フィート（約3000メートル）以上では煙輪の崩れがほとんどなく、良好な結果を得ることがわかった。

F-86Fの着色油噴出パイプも口径を大きくすることによって、色調・煙量や残置性が著しく向上することがわかり、早速従来の口径4分の3インチパイプを1インチパイプに換装することとなった。五輪模様を描くために発煙装置の改造まで行なったのである。空自が自発的に実施した企画だから、あるいは空自がオリンピックにおいて空を舞台に晴れ姿を披露できる唯一のチャンスだからか、なにがなんでも五輪飛行を実現・成功させるという執念のようなものすら感じる。

この総合試験のあともさらに研究を続け、6月末になってついに良好な黒色発煙油の製造に成功。F-86Fの噴煙用パイプの換装も完了し、ようやく実用できるという自信を得た。あとはブルーインパルスが美しい五輪マークを描けるか、それ次第である。

開会式で初めて完璧に描かれた五輪マーク

1964年7月31日、航空幕僚監部は入間基地にOOC会長、事務総長以下OOC関係者と内外報道関係者を招き、着色煙による初の五輪飛行を公開展示した。これには防衛庁からも長官や空幕長以下関係者多数が出席した。防衛庁の公式記録にはこの日の五輪飛行について「紺碧の夏空を彩った五輪模様は参集した人々に多大の感銘を与え、この最終的な研究発表は成功裡に終了して、開会式当日の飛行実施を決定的なものとし」と書かれている。

しかし実のところ、五輪がすべて美しい円を描いたパーフェクトな飛行は、このときを含め、訓練ではついに成功しなかった。開会式の当日、国内のみならず世界中を沸かせた完璧な五輪飛行は、成功したのは本番のただ一度きりだったのだ。7月31日の公開展示でも決して満足のいく仕上がりではなかったが、費用と時間と労力をかけたあげく、この期におよんで「五輪飛行はなし」は、今さら誰の口からも言うわけにはいかなかったのだろう。もはや五輪飛行を行なわないという選択肢はなかったのだ。

このあたりの経緯は武田頼政著『ブルーインパルス 大空を駆けるサムライたち』（文春文庫）に詳細が書かれているので、一読をおすすめする。9月1日にはOOC会長から防衛庁長官あてに、開会式に五輪飛行を実施する要請が出された。

9月19日、第1航空団司令のもとに特別飛行研究班のパイロットを中心とする幹部13名、曹士18名からなる式典飛行実施のための飛行隊を編成。同隊を所要の期間入間基地に配置することとし、10月1日に編成完結。10月3日には国立競技場での総合リハーサルで飛行隊は上空進入要領、五輪飛行開始点などについて細部の検討、調整を実施した。

そして開会式当日、10月10日。前夜までの雨も上がり、雲ひとつない絶好の飛行日和となった。雨天ならば五輪飛行は叶わないが、これで予定どおり行なわれることが決まった。ブルーインパルスは国立競技場内に指揮所を開設した隊長の指揮のもと、絵画館裏に展開した管制気象班と緊密な連係を保ち、横浜上空で待機。15時11分に北上を開始、編隊長松下治英1等空尉機（青色煙）、淡野徹2等空尉機（黄色煙）、西村克重2等空尉機（黒色煙）、船橋契夫1等空尉機（緑色煙）、藤縄忠2等空尉機（赤色煙）の順で15時13分20秒、予定時刻に寸秒もたがわず時速約460キロで国立競技場上空に進入し、高度1万フィート（約3000メートル）の澄み切った秋空に輪の直径6000フィート（約1800メートル）の見事な五輪模様を描き出した。1960年から空自が自ら提案し、研究開発と訓練を重ねてきたこれまでの努力が、ついに上空で花開いた瞬間だった。

正確に言えば、ブルーインパルスは正しい時間に進入したが、開会式の進行はやや遅れていた。そのため、本来は君が代の斉唱が終わった10秒後（この10秒は拍手の時間）の飛来を予定していたが、あと1小節で国歌が終わるという段階でブルーインパルスはやってきて五輪を描いた。秒単位の遅れにすら神経をとがらせていた式典支援群の関係者は青ざめ、君が代斉唱が完全に終わる前から湧き上がった拍手に打ちのめされたようだ。しかし天皇陛下、皇后陛下が空中の五輪を指さされるという象徴的なシーンが生まれたり、このタイミングがむしろ大好評だったりと、式典支援群の落胆はすぐに安堵に変わったのだった。

防衛庁の公式記録では、この五輪飛行について「五輪の輪のつながり、色煙の残量状態な

ブルーインパルスの展示飛行は東京オリンピックを象徴するシーンのひとつ。ブルーインパルスの果たす役割は今も大きい。編隊長の松下1尉は前夜まで大雨が続いたため、開会式の展示飛行も雨で中止になるとばかり思っていたという。(陸上自衛隊)

ど、かつて見られなかった最高の出来栄えを示し、準備の周到、絶好の天候、プログラムのタイミングなどが混然一体となってこの成果を生み、会場の観衆はもとより遠くこの飛行を仰ぎ見た人々も感嘆の辞を惜しまず、その後の反響もまた賛辞に埋まり、所期どおりの協力成果をあげることができた」と手放しで絶賛している。

200時間近い訓練飛行ではただの一度もパーフェクトな五輪を描けなかったというのに、本番でこれ以上はないというほど最高の出来栄えを披露したブルーインパルス。これこそ、航空自衛隊にしかなすことのできないオリンピック支援だった。

ところで、カラースモークは現在の展示飛行では使用されていない。1998年にカラースモークが原因で一般の車に色がついたためだ。が、空自は2020年の東京大会でも1964年の五輪飛行を再現すべく、調査研究を進めているという。ただ開・閉会式の計画は今の時点でまったくの白紙、新国立競技場も観客席の上には屋根がつくデザインとなったし、カラースモークの開発が進んだとしても、どのようなタイミングで披露されるのかは未定だ。

しかし、いくらカラー放送したといっても家庭のテレビの多くが白黒だった1964年、5色の五輪マークを目にできた人は限られている。ぜひ2020年の再現を期待したい。

防衛大学校の支援

条件は容姿端正、〝メガネ男子〟はNG

防衛大学校は開・閉会式における参加国名の標識掲示係として、またヨット競技運営では内外報道関係者の海上輸送係として、オリンピックに協力した。

このうち式典の協力は、おそらく当時はまだ多くの日本人にとってもなじみの薄い存在であったであろう防大を、広く知ってもらう格好の機会だった。

防大の学生は4年間、起床から就寝までぼんやりする暇のないほど日課がぎっしり詰まった日々を送るので、そこにオリンピックの支援というイレギュラーな行事を組み込むのは、指導する側も学生側もそうたやすいことではなかったはずだ。というより、時間的にも身体的にもかなり厳しかったに違いない。しかし、みごとに役目を果たした暁には、防大への認知度や好感度アップなども期待でき、さらには防大に入って自衛官になりたいという未来の幹部自衛官を引き寄せる糸口にもなるかもしれない。おそらく防大側、かなり気合が入っていたはずである。

まずは1964年4月に、支援隊の編成、参加学生の選考基準、参加学生の服装案、訓練の

開・閉会式会場の国立競技場で予行練習を行なう標識隊の防大生。(陸上自衛隊)

計画などの「協力要領」を定めた。また、参加学生の服装については冬制服上衣、夏制服ズボン、白弾帯、肩つり弾帯、白短靴、白手袋に決定。白短靴はＯＯＣ（オリンピック大会組織委員会）から借用することになった。別案として冬制服、正帽（帽覆をつける）、白弾帯および両肩つり弾帯、黒短靴、白手袋という案もあったようだが、明るさを重視して夏制服ズボンとしたのだろう（ただしこのズボンは生地がペラペラで安っぽく見えるという第三者の声もあった。確かに上が冬服、下が夏服では、生地の厚みのアンバランスさが目立ってしまっていたのではないだろうか）。なお、被服は新調した。

５月11日、大隊指導教官の推薦した適格者１５５名の中からさらに選考委員会で選考した１２４名をもって、オリンピック支援要員訓練隊が編成された。気になる参加学生の選考基準だが、以下の要件をそなえ、かつ学生としての服務良好な者から選抜された。期別では11期生をメインに、可能ならば大隊ごとに人数の均等も図った（防大は学年という横の区切りのほか、大隊という縦の区切りでも分けられて全寮生活を送っている。これは現在も同じで、断郊競技やカッター競技、開校祭の名物「棒倒し」も大隊対抗で行なわれる）。

●身長170センチ以上（のちに168センチ以上と基準を下げた）で、ローレル氏身体充実指数（骨格・筋・内臓の充実ならびに骨格と軟部の幅員的発育を総合的に示すもので、体重〔グラム〕／身長〔センチ〕の3乗×100の2乗で表される）が129～140であること
●姿勢に個癖のないこと
●眼鏡を使用してないこと
●聴力完全であること
●体力測定3級以上であること
●消化器・呼吸器系統の疾患のないこと
●語学能力のすぐれていること

なんとメガネ使用はNGだったのだ。今の時代よりメガネの使用率は低かっただろうが、コ

マリの標識を持って先導する防大の及川輝彦学生。プラカードをどのタイミングで観客席に向けるかなども事細かに決められていたという。

ンタクトレンズがまだ普及していない時代、「こいつの視力さえよければ！」と残念がられた学生もいたかもしれない。ちなみに選抜された要員の平均身長は171・3センチだった。

防大12期の陸上自衛隊OB及川輝彦氏は、防大生活にようやく慣れてきた5月、1学年を担当していた指導官から「今年開催される東京オリンピックのプラカード要員を1、2学年の中から選抜することになったが、君も応募してみてはどうか」と声をかけられた。世間から完全に隔離された学生生活を送っていた及川氏は、オリンピックというもの自体にピンとこなかったという。そこで同室の部屋長である先輩に相談してみたところ、「オリンピックに参加できる機会などそうないぞ」とすすめられた。だが要員に選ばれると訓練があるので、校友会（いわゆる部活動。防大生は全員、運動部の校友会への入部が義務付けられている）の活動に支障をきたしてしまう。そこで所属していた銃剣道部のキャプテンにも相談したところ、「校友会よりも標識隊の訓練優先と学校から言われているから、応募してかまわない」と言ってくれた。そこで指導官に名乗り出たという。選抜の際の体型検査では、網の目の格子ごしに体のゆがみをチェックされたそうだ。

晴れてメンバーに選ばれると、地元の鹿児島新聞に「鹿児島出身の防大プラカード要員」として名前が載り、家族や親せきに大いに喜ばれたという。ただ記事には選考基準が「成績優秀者」となっていたそうだが、それは嘘だと及川氏は知っている。

ギリシャのプラカードを持って最初に入場する重責を担ったのは、防大11期の陸上自衛隊OB佐山詔介氏だ。標識隊の中で誰よりも長く開・閉会式会場にいることになるから、プレッシャーはひときわ大きい。要員に選ばれたこと自体は「そうあるチャンスではない」と喜んだが、柔道部の稽古や合宿に参加できないのが申し訳なかったという。佐山氏は開会式前には標識隊の代表としてマスコミから取材を受けることもあり、そのせいで見知らぬ女子大生から「佐山さーん！」と声をかけられたこともあったという。

夏休み返上で訓練に明け暮れる

訓練は5月中旬から始まった。気になる教育訓練の内容だが、訓話、オリンピックの知識、語学、体育、基本教練、現地訓練、そして予行演習の7項目から構成され、計129時間が費やされた。

訓話は防大生を代表する標識手としての責任感や意欲の向上を図るもので、訓練隊編成完結日や合宿の開始日、開・閉会式の前日といった節目に計3時間行なわれた。オリンピックの知識では、オリンピック協力の概況として一般状況、防衛庁協力の根拠、自衛隊の協力準備状況、防大の協力などを示すとともに、アジア大会や国際スポーツ大会協力の概況と協力参加の教訓、オリンピック史などの教育を計5時間実施した。

語学は挨拶や行動の指示など簡単な日常会話の習得を目的とし、英・仏・独・露・中国語を計5時間実施。体育はまさに「体育の授業」そのもので、徒手体操4時間（いわゆるラジオ体操のようなものの防大バージョンなど）、器材運動（鉄棒、マット）30分、陸上競技（長距離、競歩）9時間、運搬運動（重量挙げ、基礎練習）5時間、小競技（なわとび、簡易競技）1時間、総合訓練8時間、そして姿勢検査・技能検査（歩行および直立、身長、体重、握力、背筋力、肩腕力）5時間が行なわれた。

鉄棒やマット、重量挙げやなわとびが標識を持っての行進に直接関わるわけではないが、2

時間ほど直立不動の姿勢を保つ必要を考え持久力をつけること、なかでも腹筋、背筋、脚力を鍛えることに重点が置かれたのだ。

最後の姿勢検査・技能検査では体重のチェックもされている。支援要員に決まった者は、太ることは許されないのである（といっても太っている防大生は存在しない。卒業後はともあれ、食べても食べても太らないハードな毎日なのだ）。また、体育とは別項目として基礎教練があり、ここでは実際の支援の内容に直結した訓練が行なわれた。まずはなにも持たずに、けれど標識を持っているつもりで、不動（「気をつけ」のこと）の姿勢、休めの姿勢、速歩、行進間の方向変換などを4時間、その後は実際に標識を携行して徒手の際と同じ訓練を31時間30分行なった。

そして現地訓練で標識隊教練として集合地点の行動、入場動作、式間の動作、退場の動作を8時間、仕上げに予行演習に40時間を費やし、OOCの行なう部分予行、開会式総合予行、閉会式予行に参加し、式典標識隊の行動を完成させた。

訓練は校友会の活動よりも優先して実施、ただし試験期間および試験前1週間は休みというルールにしたがい、毎週火曜と金曜の課外時間に行なわれた。

5月中旬から6月下旬までの訓練は主に基礎体力の充実と姿勢の矯正を図り、8月16日～22日は防大校内で合宿。学生たちは指導教官から「ローマ大会の開会式での標識手は、暑さに負けてばたばた倒れた。お前たちは決して倒れてはいけない」と言われた。そのため、入場行進に要する1時間30分、不動の姿勢でただただ立っている訓練が行なわれた。

折しも1964年の夏は東京が水不足になるほどの猛暑。教官は「気をつけ」の声をかけて、いったん教官室に戻る。学生たちは灼熱の太陽の下じっと立ち続け、暑さと退屈さと体のこわばりをひたすらこらえる。1時間半経つと教官が戻って来て「休め」と号令をかける。途中で倒れた学生は補欠や予備要員にまわされたというから、容赦ない世界である。訓練でもっとも苦しかったのが、この「炎天下にただ立っている」だった。

ほか、前後の間隔を一定に維持するため、決められた歩幅で歩く訓練も行なわれた。最初は歩幅75センチだったが途中で77センチに変わり、最終的には「前との距離が一定に保たれていればいい」となったそうだ。しかしリハーサルの時点でいきなり変更ということもありえるので、75センチや77センチにも対応できるよう、訓練は各種パターンで行なわれた。

さらに8月24日から9月12日の3週間は訓練も火・金・土の課外時間の週3回に増え、基本教練およびプラカードの操作に磨きをかけた。またこの期間には総合予行訓練に参加、9月30日以降はOOCが行なう式典予行に参加して最後の仕上げをした。

横須賀から会場まではバスで往復、昼食は市ケ谷駐屯地の講堂の床に座って缶詰飯を食べた。椅子がないとか温かい食事じゃないとか、そんな不満はなかったという。及川氏は「これが当たり前なんだろう」と思い、処遇は気にもしなかったそうだ。佐山氏も「予行は楽ちん。往復のバスの中では寝られるし、クラブ活動で汗を流している学友たちに申し訳ないくらいだった」と言っている。

一方、入場した選手団が「中央から逐次詰めていく」のか「端から詰めていく」のかが開会式直前まで決まらず（決めるのはOOCである）、標識隊をやきもきさせた。結局どちらにも対応できるように防大の陸上競技場を使って訓練を重ねたため、陸上部やフィールドホッケー部は練習場所を奪われるという、ある意味とばっちりを食らった。

「競技場にいちばん先に入るのは俺なんだ」

9月15日、訓練隊は協力要員中の病気や学業の都合などの支障のある者を除外し、学生108名、幹部自衛官7名、陸曹1名をもって再編成を行ない、オリンピック式典支援群標識隊と改称。いざ本番を迎え、その役割を立派に果たした。ただ、開会式当日に4カ国の不参加が判明、その標識を担当するはずだった学生は厳しく苦しい訓練を散々重ねた挙句に当日「出番なし」という、とんでもない不運に見舞われた。これにはかける言葉もない、あまりに気の毒である。

協力実施の成果として特筆すべきことは、当初は国際的な行事という雰囲気に飲まれて不安

入場行進1番目のギリシャを担当した佐山詔介学生。最初に入場して最後に退場する、標識隊の中ではもっとも長時間緊張を強いられた。

を抱く学生もいたものの、これを振り払ってみごとに任務を達成し、このような独特の雰囲気の中でも自らの体力・気力が通用すると自信を深めたことだ。防衛庁の公式記録にも、「自信と誇りを身につけたことは精神的にも肉体的にも今後の教育訓練に資するところが大であった」とあり、防大生の活躍をたたえている。ベルリン大会以来、ローマ大会をのぞくすべての大会で、この標識手は各国の士官候補生が担当しているという伝統がある。防大生も各国の士官候補生になんら見劣りすることなく、堂々とした姿を世界に披露した。

いざ入場行進というときのことを、佐山氏は次のように書き残している。

さすがに開会式の日とあって、競技場のまわりから神宮外苑一帯は人の波でごったがえしていた。われわれは予行のときと同じように二列縦隊で整斉と競技場内の控室へ入っていった。（中略）このあわただしさ、その雰囲気を目の当たりに感じ、はじめて私は自分の任務の重大さを思い、この競技場の中へいちばん先に入るのは俺なんだなあと思うと、全身の神経がキューっと引き締まるのを感じた。（中略）北口ゲートよりスタンドを見るとこれがまたすごい。あの全部が人間だろうかと思わせるほどビッシリつまっている。足がすくむような気がする。（中略）選手団入場行進開始。東京オリンピック行進曲が演奏されはじめた。すべてはこの一瞬のためであった。夏休みを返上しての1週間にわたる合宿も、そしてそれからの部活動を犠牲にしての訓練と日々励んできたのも、今日のこのときのためであったのだ。私は係員の「ハイッ」という力強い合図とともに「いくぞ！」と叫び出したいような気で晴れの第一歩を国立競技場内へ踏み込んだのである。

ステテコがすけて見える？　夏服の痛い教訓

佐山氏がギリシャ選手団を引き連れて開会式会場に入場してくる雄姿は、市川崑監督の記録映画『東京オリンピック』にもしっかり映っている。続いて入場してくる標識隊の立ち姿の美しさは、儀仗隊を彷彿させる。マリ共和国のプラカードを持った及川氏も、それまでの訓練どおり、淡々と歩を進めた。フランス語を猛勉強させられたというが、今やまったく覚えていないそうだ。佐山氏も及川氏も「目も動かすな」と言われていたものの、目を細めて観客席などは見ていたという。

ほかにも、防衛大学校校友会会報『小原台』には、「第18回東京オリンピック開会式に参加して」というタイトルで、標識隊員の手記が掲載されている。

ノルウェーのプラカードを持った栄井道雄氏は、ハラルド皇太子殿下がスポーツマンらしい朗らかな好青年ぶりで、殿下のほうから握手してくれたと記している。さらにリハーサルの際、栄井氏が防大のバッジを役員や選手と交換していると興味深そうに見ていたので、殿下にもあげたところ大変喜び、お返しに立派なメダルをプレゼントしてくれたという。栄井氏は殿下のサインも記念にもらったそうだ。ちなみに開会式では、式の途中で放った鳩の1羽が栄井氏の肩に止まってなかなか動こうとしなかったというかわいいエピソードも載っている。

キューバのプラカードを担当した池田忠義氏は、開会式当日につらかった訓練の日々がよみがえってきたという。「バーベル、鉄棒、マット運動など、20余種を取り混ぜたサーキットトレーニングを全部で3回やらねばならないところ、1回もまだ終わらぬうちに伸びてしまったことなど次々と頭に浮かんでくる。（中略）歓声と拍手の中を歩みトラックを半周して正面に向って立つ、目の前を選手団が過ぎて行く、頭の中を訓練の楽しかったこと、苦しかったことがぐるぐる回る」とある。

中華民国のプラカードを持った（プラカードの表記が「台湾」となっていたため、直前にすったもんだがあったらしい）本間幸正氏は、リハーサルで中華民国の旗手と初めて会ったとき、背が高くハンサムなこと、日本語がうまいこと、大変な親日家であったことに驚いたそうだ。入場行進は84番目と最後のほうだったのに、スタンドからものすごい拍手が起こり、感激で涙が出そうになったという。「父母が今頃テレビを見ているだろう。心から喜んでいるだろうと思うと、防大に入ったことが最高の親孝行」とも書いている。

閉会式では大賞典馬術で使われた障害物はすべて撤去されていたものの、馬糞があちこちに残っていたなどという記録も残っている。会場にいた標識隊だからこそ知りうる裏話だ。

ところで、少しばかり気になる記録が『東京オリンピック作戦』に残されている。式典支援群標識隊長を務めた財部重彦2等陸佐は、予行を見た友人から「標識手のズボンはなんとかならないのか。短いうえに膝も出ている」と手紙を受け取ったという。さらに新聞記者からも「ズボンがすけてステテコが見えるが、外人はどう見るかな」などと言われたため、各人に合わせて新たに仕立て直し、プレスしてハンガーにかけた状態のまま国立競技場まで運び、式の直前に着替えさせるという気の使いようだったが、それでも見栄えはぱっとしなかったとい

2016年1月現在、更地となっている国立競技場跡地で当時の様子を振り返る佐山氏（左）と及川氏（右）。思い出話は尽きない。

う。どうやら夏服の薄い生地がよろしくなかったらしい。「せめて夏服でも一着は礼服としてウールがあったら」と痛感したそうだが、当時の白黒写真からは幸いなことにスケスケ感は伝わってこない。

　標識隊員の長時間にわたる厳格な行動は開会式に厳粛な雰囲気を、閉会式にほどよい厳正な空気を醸し出した。それはそれぞれの会場で式典にふさわしい雰囲気の盛り上がりを支え、式典の運営に有形無形の効果を上げた。このため防衛大学校学生として参加国役員、選手、OOC関係者に信頼を与え、防大が望んでいた国民の防衛大学校への理解の促進にもつながった。放課後返上、夏休み返上で訓練に従事した学生たちにも、おそらく大きな達成感があったことだろう。

オリンピックは、佐山氏にとっては誇らしい思い出となった。及川氏は、大変な経験をしたのだと実感したのは防大を卒業してからだ。オリンピック翌年には、「オリンピックで防大生の姿を見て憧れた」と入校してきた者もいたという。

ヨット競技の支援

海上自衛隊横須賀地方隊が支援を担当したヨット競技に、防衛大学校は機動艇3隻と要員6名を派遣した。主として役員、選手および報道関係者の海上輸送を担当。防大が用意した機動艇は「あさかぜ」「おきかぜ」「しおかぜ」で、「あさかぜ」と「おきかぜ」は9月25日、「しおかぜ」は10月8日から、6名の要員とともに10月24日まで派遣された。

10月9日のトライアルレースをはじめ、10月21日まで7回にわたるレースにおいて報道艇として協力業務を遂行、内外の報道関係者のスムーズな取材活動に一役買った。

支援集団を陰で支えた行政管理

「事務仕事」を一括して引き受けた東部方面隊

オリンピック支援集団は競技への直接的な協力や選手村、輸送といった、いわば目に見えるかたちでの協力を行なったが、それにともなう行政管理は陸上自衛隊東部方面隊が担当した。いわばオリンピック支援集団の後方支援、これこそ究極の縁の下の力持ちといえる。陽の目を見ることもなく国民にその働きを知られることすらない、それでも行政管理を担ってくれるところがあるからこそ、支援集団は任務に専念できた。そこで、ここでは支援集団が円滑に協力業務を実施するために行なわれた行政管理について紹介する。

［補任］

集団司令部、各支援群・隊、広報渉外センターを構成する要員の選考は、とくに肉体的、精神的資質に留意して特技者（特定の専門知識・技術を持つ隊員）の充足を重視した。要は、必要な特技を持つ優秀な人材を選んだということだ。

なお、編成完結後に病気などのためやむをえず交代、復帰を必要とした隊員は、選手村支援群3名、式典支援群2名、輸送支援群3名、ライフル射撃支援隊3名、カヌー支援隊6名の計17名だった。

［保安］

オリンピック協力のため実施した保安業務は次のとおり。

●交通規制
●巡察
●誘導
●身辺警護

競技場付近の交通整理を行なう警務支援隊員。この支援のおかげで、渋滞によって式典や競技の進行に支障をきたすことはなかった。(陸上自衛隊)

●犯罪捜査に関して警察と従来から締結されていた協定の補足

東部方面警務隊は1964年8月15日、まずは57名で支援警務隊の基礎を作り、9月上旬に各方面警務隊から増援された18名の到着によって支援態勢を整えた。隊員は隊本部、習志市ケ谷、松本、野、相馬原、横浜、朝霞と各地に分かれて保安業務を行なった。

交通規制については、選手村の開村式と各国選手団の入村式時における村内外の交通整理は、当初OOCの選手村当局が行なうことになっていた。しかし村内は相当な混雑が予想され、専門的な技術でなければとても統制はできないということになった。自分たちの手には負えないとOOCは判断したのだろう。支援の要請を受け、支援警務隊は9回にわたり警務隊員のべ182名が村内の交通規制を行なった。また、開・閉会式予行時にも交通規制を実施した。選手村当局の読みが甘いと言えばそれまでだが、急な依頼にも冷静に対応し、業務を遂行できる自衛隊の実力が、こういった場面でもよく表れている。

誘導については、選手村支援群、自転車競技支援隊、馬術支援隊、カヌー支援隊の各競技場への進出と撤収ならびに準備訓練と協力の実施の際に、巡察・誘導を行なった。また、要人が協力状況や施設などを視察する場合も、そのつど身辺警護と誘導を実施した。

警察との協定の補足については、警察と東部方面警務隊との犯罪捜査に関する了解事項を取り決めた。その結果、外国人選手および職務に従事中の自衛隊員（交通事件を含む）に対する犯罪や、自衛隊の所有するまたは使用する施設物件（隊員の携行する物品を含む）に対する犯罪については、警察官が捜査を行なうことになった。

〔厚生〕

厚生支援業務は東部方面隊がなすべき重点事項とし、朝霞駐屯地業務隊の関係要員の増強など、厚生支援の強化を図った。これが隊員の士気に大いに関わるところだとよくわかっていたわけだ。

囲碁、将棋、野球道具など携行可能なものはできるだけ原隊の駐屯地から携行させ、ラジオ、テレビ、娯楽用具などは業務隊長や集団長と調整のうえ適正な配分をしたので（つまり不平等にならないよう均等に配分したというわけだ）、有効に活用できた。図書や雑誌などは駐屯地備えつけのものを利用するほか、オリンピック関係図書を用意した。また、駐屯地内の建物の一部を模様替えして娯楽室を開設、営内生活の快適化を図った。さらに支援群・隊が独自で映画会や演芸会、レクリエーションなどを行なう場合は、積極的に便宜を与えるようにした。

当時、駐屯地・基地内（営内）は従来アルコール禁止だ。しかしリフレッシュを兼ねて駐屯地から飲みに出かけようとなると、この頃の朝霞駐屯地からは池袋方面にまで足を伸ばさなければならない。関係者は「物価が高い都内で飲ませるのはしのびないし、飲み屋で赤痢菌などをもらってきても困る。かといって支援期間中禁酒というのも酷な話だ」と悩んだ。その結果、駐屯地内にできたのが隊員クラブだ。アルコールも焼き鳥もある居酒屋だが、あくまでも扱いは「営外」。隊員は外出許可証をもらい、入り口に立つ歩哨に見せてから入店、さらにビールは1本、酒は2本までという制限もある。それでも隊員からは大好評で、結局このテストケースが好評だったために、オリンピック後は全国の駐屯地・基地に隊員クラブが誕生したのだ。

〔補償〕

オリンピック準備期間と開催中に計3件の事故が起きた。そのうち災害補償、損害賠償が各1件となっている。

1964年10月18日、輸送支援群通信隊のジープが訓練中に三鷹市内で小田原急行バスと衝突した際、今野勝之2等陸尉が殉職した。今野2尉に対する災害補償の処理は、陸自災害補償規則により北部方面総監部で実施した。1964年8月21日には輸送支援群の中型トラックが訓練中、所沢市内で起きた事故によって幼児が死亡。これに関わる損害賠償は同年12月25日、和解契約書により損害賠償金を支払い完了した。

なお、1964年10月15日、ヨット競技支援中、黄海面競技運営任務隊の掃海艇「こうづ」（第33掃海隊）においてヨット競技スタート信号砲「オリンピオニコ」の暴発により、ヨット競技支援部隊の大原六郎海士長が左手に外傷を受けている。

［服装］

東京大会協力間における要員の服装は、スポーツ大会時の教訓などを活用するとともに、OOCおよび各競技団体など各界の意見や要望も種々検討し、支援種目、場所、支援状態にもっともふさわしい各種支援服装を選定した。これは防衛庁・自衛隊側よりもOOCや各競技団体からの要望がかなり強かったのではないかと推測される。選手村の警備にあたる隊員の服装がなかなか決まらなかったことは「選手村支援」のページですでに述べた。世界中どこの国でも、軍服というのは威厳とともに威圧感を醸し出すものだ。もしも選手村の出入り口に自衛隊の制服をまとった自衛官が24時間不動の姿勢で立っていたら、防犯効果はさぞかし大きいだろうが、選手たちは軍隊の統制下に置かれているような息苦しさを覚えるかもしれない。一方、開・閉会式のような式典は国の権威、実力を示す場でもあるので、そこに自衛隊の制服姿があるのになんら違和感ない。要はTPOの問題だろう。

選手村における支援隊員の服装は1964年になっても決まらず、この案件をかなり引きずったが（防衛庁側も「自衛隊の制服がありながら貸与される背広を着るとは」と抵抗したに違いない）、結局OOCから貸与された服で支援を実施した。

自衛隊がこれほど広報に力を入れたのは東京オリンピックが初めてのことだった。写真は外国武官へ説明を行なう支援集団司令部。(陸上自衛隊)

［広報］

東京大会の協力は自衛隊の実力を国内外に紹介する絶好の機会であり、その広報の成否はきわめて重要な意義を持つものだった。東部方面総監部は1963年1月の新潟豪雪時の災害派遣および同年10月の国際スポーツ大会協力時の広報業務の教訓などにより、11月頃からそのあり方について検討してきた。おそらくこれらの活動については思いどおりの広報ができなかった反省があったのだろう。とくに一貫性と統括性に欠けるきらいがあったようで（報道陣からもその点について改善の要望があったようだ）、その2点をとりわけ重視し、東部方面総監部内に東京オリンピック支援広報渉外センターを設けた。

組織としては、東部方面総監部のもと広報部と渉外部、各支援群・隊広報渉外担当に分かれた。広報部の下には企画・庶務班と広報班、広報班の下には報道係と資料係があり、資料係には第301写真中隊からの派遣要員も含まれていた。渉外部には部内者班と外国武官班があった。

東京オリンピック支援広報渉外センターは支援集団の準備および協力実施状況を部内外に対して広く発信、部内に対しては自衛隊の大会参加選手の活躍状況を合わせ広報するとともに、防衛庁の企画によるオリンピック記録映画作製に協力した。部外広報については取り扱い協力社のべ400社、報道件数のべ1300件におよび、報道関係者の協力を得て予想以上の成果を上げることができた。

広報渉外センターの設置については、当初一部に反対する声もあったらしい。その理由は定かでないが、「縁の下の力持ち」に徹すると言いながらその働きぶりを世間にアピールすることを、矛盾と思う人もいたのかもしれない。しかし、支援集団司令部総務部長は「世紀の祭典を支援するという大事業をやっても、PRしなければその姿は紹介されない」と主張。たとえばライフル射撃競技の支援での、監的壕の穴ぐらに6時間立ちっぱなし、トイレも行けず食事も立ったまま済ませ、標的をひたすら見つめるという隊員の姿も、広報によって初めて国民の知るところとなったのだ。

［管理］

オリンピック支援集団には兵站（後方支援）部隊が存在しない。陸上幕僚監部がその特性を考慮しつつ示した管理の準拠の大要は次のとおりである。

- 協力は現行の組織・協力を基盤とし、特別の後方支援部隊などは編成しない
- 協力に必要な一部の物品などはOOCから提供または貸与を受ける
- 大会協力と恒常業務が競合する場合は前者を優先する

［補給］

被服：被服は可能な限り新品を交付し、選手村勤務服その他特定の被服などはOOCから貸与を受けた。

燃料：協力に必要な航空機、車両、舷外機その他の燃料および油脂類は立て替え使用。選手村で協力する車両については、村内のOOCの燃料補給所からそのつど補給を受ける。OOCから燃料を受ける対象は、東京大会実施前における各種協議会の協力、各支援群・隊の編成完結以降解散までの各種協力、上記にともなう編成・解散のための移動および協力のための移動、支援集団が行なう競技場偵察、主催者側との連絡および支援群・隊の準備、訓練など、これらの行動にともなう自隊管理のための行動となっている。かなり細かく定められているが、ここ

があいまいなままでは円滑な運営は決して望めない。
事務消耗品：あらかじめOOCから提供を受けた。
整備：整備に必要な諸経費は防衛庁費負担とした。
通信：協力に必要な専用通信機はOOCが取得して提供した。
輸送：各方面隊から差し出される人員と装備品などの輸送に必要な経費はOOCが負担した。
宿泊：協力隊員は原則として東部方面総監の定める都内駐屯地に宿泊する。朝霞駐屯地過剰収容に伴う不足施設は、OOCが臨時に仮設し貸与するものを利用する。軽井沢で協力する馬術支援隊と相模湖で協力するカヌー支援隊、選手村で勤務する協力要員中選手村支援群要員約370名、輸送支援群要員約175名はこの対象外。
給養：選手村に宿泊する人員は3食とも選手村食堂で食事をとり、選手村で勤務するその他の要員約150名は昼食のみ選手村食堂でとった。
会計：事前の教育訓練に要する経費で東京大会協力のため特別に行なう分についてはOOC負担、恒常の教育訓練の一環として行なう分については国費から支払った。

［給食支援］
隊員たちが駐屯地や基地で食べる食事には、当然予算がある。オリンピックの支援だからと

いってそこは特別扱いはなしで、各支援駐屯地の定額どおり実施された。選手村支援群、輸送支援群の代々木選手村で勤務する隊員については、喫食費1日400円のうち○○C負担264円50銭、自衛隊135円50銭負担とした。銭という単位が使われているのがすごい。会場が相模湖のカヌー支援隊と軽井沢の馬術支援隊はそれぞれ宿舎借り上げ方式をとり、糧食費（各支援駐屯地定額）のみ自衛隊負担とした。また増加食については各支援群・隊ごとに使用基準枠を示し、支援間45円、準備間20円を基準として、その日の作業に応じて支給した。増加食の補給品目はみかん缶詰、白桃缶詰、フルーツみつ豆缶詰、缶入りオレンジジュース、パイン、複合アスコルビン酸錠（ビタミンCなどが含まれるサプリメント）。時代を感じさせる品目だ。

［野外浴槽］

オリンピック支援が終わるまで、朝霞駐屯地には支援集団の主力が居住したため、大所帯に膨れ上がっていた。屋内の入浴施設だけでは到底足りず、入浴用として朝霞駐屯地に野外入浴槽7個（東部方面隊装備品3、他方面隊から提供4）を補給した。

［衛生］

1963年10月、第1師団が担任したスポーツ大会の衛生支援はおおむね東京大会と同一内容だったので、衛生支援隊の編成や運用の基礎を固めるための土台となった。ただ、婦人自衛官の服装や各種競技協力場所における診察所の位置の選定などは未解決のまま1964年を迎えた。しかし3月、東部方面総監部衛生課に医官1名を派遣し支援手段の指導に専念させてからは、支援隊の編成業務はおおむね軌道に乗った。

支援集団部隊収容のための施設建設および宿舎利用

協力のために東京に集結する隊員の宿泊に関しては、隊員が快適な環境のもとで寝起きし、その協力任務をストレスなく遂行できるようにすることを最優先とした。1963年8月、支援集団の主力を朝霞駐屯地に収容することが確定したので、収容施設の増強についてOOCはじめ防衛施設局などと調整した。紆余曲折はあったが（おそらく費用の問題だろう。隊員にとってよい環境を整えたい防衛施設局側と、少しでも費用を抑えたいOOC側との攻防があったと思われる）、約3000万円の予算で食堂、風呂、井戸（駐屯地内に井戸！）、洗車場、洗面場、トイレ、物干し場の建設および電気工事を行なった。

なお、各部隊は以下の駐屯地・基地に宿泊した。カッコ内は内訳である。

朝霞駐屯地2712名（選手村565名、輸送867名、航空63名、衛生124名、近代五種215名、ライフル射撃752名、カヌー126名）
入間基地182名（クレー射撃114名、漕艇68名）
立川149名（自転車）
相馬原327名（馬術）
練馬395名（式典246名、陸上149名）
芝浦178名（中央音楽隊74名、混成104名）
防大116名（式典）
このほか、海と空の音楽隊320名はそれぞれ用賀、立川を基地とした。また集団司令部49名は市ケ谷、集団通信隊は朝霞109名、市ケ谷66名、練馬12名にそれぞれ収容した。

［部隊施設の利用］

支援集団部隊のうち、部外施設を利用したのは馬術支援隊（軽井沢）、カヌー支援隊（相模湖）、選手村・輸送各支援群の主力（代々木選手村）。馬術支援隊は軽井沢の西武スケートセンター宿舎を、カヌー支援隊は相模湖近くの旅館6軒に分宿し、それぞれ借り上げ宿舎利用とした。この経費はOOCによるものだが、糧食費のみは自衛隊が負担した。また選手村・輸送各支援群はその主力を代々木選手村内に配置したので、これらの要員は選手村内の宿泊施設を利用し、残りの者は朝霞収容施設を使用した。

［朝霞射撃場の建設］

ライフル射撃と近代五種競技ピストルの射撃は朝霞射撃場で行なわれた。射撃はいずれの国においても軍隊が主軸となって発展し運営されているという特殊性を考慮し、OOCはこの射撃場工事を文部省から防衛庁（防衛施設局）へ委任した。

第1期工事は1962年8月から1963年10月まで、スポーツ大会での使用を目標として行なわれた。第1施設団が射場内の整地、整備および道路の整備を実施。第2期工事は1964年4月から6月までで、東京大会を目標として再び第1施設団に道路の整備および駐車場、外柵の整備を実施させた。工事はのべ11万6115名を投入する大がかりなもので、第1施設団と朝霞駐屯地業務隊の積極的な支援、協力により、完全なオリンピック射場として大会を迎えることができた。

［所沢クレー射撃場の建設］

1963年9月～10月の間、所沢に建設されるクレー射撃場の整地作業を第1施設団および第1施設大隊が実施、のべ7851人が従事した。

［体育学校競技場などの建設］

1963年11月〜12月、自衛隊のオリンピック参加選手の強化訓練用としてグランド整備などの工事を、第1施設団と朝霞駐屯地業務隊が実施、のべ9886人が従事した。

オリンピック協力に伴う費用

OOC費用の集結旅費の精算事務は相当量にのぼり、そのほかの業務との関連上、相当の努力を要した。旅費を請求してから支払われるまでのタイムラグ、請求にかかる事務処理は、それに関わった隊員にとって相当な負担であったようで、これについては別項目で触れたい。東部方面隊が取り扱ったOOC費用、つまりOOCから支払われた費用は以下のとおりである。

一般旅費　3387万3348円（内訳は以下の5項目）

集結・復帰旅費　1170万7730円

支援滞在日当　2064万8550円

支援準備状況視察旅費　9万3550円

現地研修および現地打ち合わせ　54万525円

講習等旅費（日当定額の3分の1）88万2993円
その他の費用　21万8000円
合計　3409万1348円

東京大会準備対策事業関係予算（オリンピックを開催するにあたって直接・間接に支出された費用）は、間接事業費9578億5140万円、直接事業費296億1560万円となっている。現在の価値に換算すると、何倍ほどの額になるのか。オリンピックが国を挙げての一大行事であることが、この予算を見てもあらためてよくわかる。

このうちOOC執行のものは直接事業費の98億1930万円で、その中で自衛隊に関係ある経費は、1963年度が12億8094万8000円、1964年度が71億9377万8000円。1963年度はまだ未決定事項が多かったため、自衛隊の協力に対する費用はスポーツ大会の協力に要する費用のみとし、東京大会の協力準備のために要する費用は1964年度予算を充当することとした。

［陸上自衛隊費用：1億1421万8000円］
国際スポーツ大会では1214万6000円をOOCが執行した。旅費については「原隊か

ら臨時勤務先の間は全員2等、臨時勤務先から集結地までは原則として団体割引（15パーセント割引）の額とする。鉄道300キロ未満は特急料金を支給しない」と、OOCの財布の紐はかなり固かったようだ。

［海上自衛隊費用：4441万8708円］

このうち旅費は878万440円で、海自の見積もりでは当初はもっとかかる予定だったため、「旅費が窮屈」と公式記録で本音を吐いている。ただ、幸いなことに集結に際して艦艇などを利用する者があったのと、旗章隊員による江の島から国立競技場への支援では天気良好な日が続いたおかげで予備日を使用せずに済み、この部門に用意した旅費を相当に節約できたおかげで最終的には若干の余裕を生じた。

ヨット支援では、OOCが葉山と江の島に宿舎を借り上げ、協力隊員の宿舎として貸与した。葉山では葉山ハーバーのそばの約35坪の民家2軒を借り上げ、葉山ハーバーに入港した哨戒艇、交通艇などの乗組員約60名および江の島通信任務隊、葉山隊員若干名が1964年9月15日から10月25日まで宿泊、それに対する給食も行なった。

江の島では旅館東亭（約190畳）が借り上げられ、1964年9月1日から10月28日まで宿舎として使われたが、こちらも葉山同様、江の島ハーバーのそばにあり競技場が一目で見通すことができ、宿舎として便利だった。しかし位置があまりに便利すぎることと協力計画の一部変更もあって、江の島宿舎の利用が増えすぎ手狭となってしまった。このため、各協力支援部隊司令部関係者のべ50名がほかの旅館3軒に分宿することもあった。

〔航空自衛隊費用：1134万円〕

旅費、会議費、輸送費、印刷製本費、消耗品費などに使われた。

第3章　自衛隊にもメダルを

東京オリンピックで得た自衛隊の教訓

「自衛隊の協力なくして大会の運営はできなかった」

防衛庁の公式記録には、「東京オリンピックの運営は大成功であり、その運営に協力した自衛隊の規律ある適切な活躍は内・外国の大会役員、選手および観覧者などの賞賛の的となった」とある。万事に対して控えめで謙遜しがちな自衛隊がそう断言するのだから、賞賛を浴びたのは事実だろうし、大きな事故やトラブルもなく任務をなしとげたという達成感を抱くのは当然のことである。実際、オリンピック閉会後の新聞には次のような論評があった。

「自衛隊の活躍もメダルをもらっていいだろう。自衛隊といえば、率直にいって長い間〝日かげもの〟扱いされるふうがあったが、こんどのオリンピックでは、儀典の主役から選手村の警備まで、実によくやってくれた。そのうえ、マラソンの円谷選手、重量あげの三宅選手など、自衛隊員の人気者も出した。〝愛される自衛隊〟への前進は大きい」（1964年10月25日付「毎日新聞」）

「豪華な開会式にはじまり、別れのさびしさを演出した閉会式に終わる大会の運営に、ひときわ目立った活躍を示したのは、海・空・陸の自衛隊である。自衛隊の一糸乱れない組織と統制力を借りなかったら、大会の運営はできなかったであろう」（10月25日付「読売新聞」）

「選手のコンディションに最も影響を及ぼす選手村の運営も、係員の献身的な努力によって大方の好評を受けた。案ぜられた選手輸送は高速道路や関連道路の完成と綿密な事前作戦に裏づけされて、少しの渋滞も来たさなかったようである。（中略）全競技の運営を支援した陸・海・空自衛隊支援群は、警察官や消防官の活躍とともに、大会の運営を成功させた大きな支柱として、高く評価されねばならないであろう」（10月25日付「朝日新聞」）

しかし大会終了後にこの大会の運営協力を省みると、教訓事項があるのもまた事実だった。なにしろすべてが初めてのことだったのだから、スムーズに進まなかったこともあるのは無理

国立競技場スタンドで演奏中の海上音楽隊。各競技での支援、式典における多様な支援など、自衛隊の支援なくして東京オリンピックは成立しなかったといっても過言ではない。(陸上自衛隊)

もない。自衛隊という特殊な団体とOOC（オリンピック大会組織委員会）や各競技団体との間にも、最初は決して小さくはない溝があり、最後まで埋めきれない部分もあったかもしれない。互いに「言葉は通じるけれど人種が違う」と思えるほど、相手のことがよくわからなかったのではないだろうか。それらもろもろをすべて乗り越えての成功だったわけだが、教訓から学び次の機会に生かすことは大切だ。

自衛隊が行なうべきでなかった支援

まずは近代オリンピックの参加状況一覧を見ていただきたい。

大会（開催年）	開催都市	参加国数	参加選手数
第1回（1896年）	アテネ	13カ国	285名
第2回（1900年）	パリ	20カ国	1066名
第3回（1904年）	セントルイス	10カ国	496名
第4回（1908年）	ロンドン	21カ国	2079名
第5回（1912年）	ストックホルム	27カ国	2539名
第6回（1916年）	ベルリン	（開催されず）	
第7回（1920年）	アントワープ	29カ国	2691名
第8回（1924年）	パリ	44カ国	3092名
第9回（1928年）	アムステルダム	46カ国	3015名
第10回（1932年）	ロサンゼルス	38カ国	1408名
第11回（1936年）	ベルリン	79カ国	4069名
第12回（1940年）	東京→ヘルシンキ	（開催されず）	
第13回（1944年）	ロンドン	（開催されず）	

第14回（1948年）	ロンドン	59カ国	4468名
第15回（1952年）	ヘルシンキ	69カ国	5867名
第16回（1956年）	メルボルン	71カ国	3701名
第17回（1960年）	ローマ	84カ国	5396名
第18回（1964年）	東京	94カ国	6700名

第10回ロサンゼルス大会以前も参加選手が3000名を超えた大会はあったが、多くは軍隊の協力がなくとも運営されてきた。第11回ベルリン大会で始められた軍隊の本格的な協力が慣例となり、その後の大会開催国は、3000名程度の軍隊を大会運営に使用してきた。また、軍隊が大会運営の中心勢力となったといわれる第17回ローマ大会では、4800名（艦艇乗員を除く）程度が協力した。東京オリンピック支援集団は4625名、ほか艦艇乗員2200名となっている。イタリア軍は自衛隊の輸送人員に対して約2倍の1700名ほどの人員を割いたが、それは役員、選手などの輸送全般を担任したためだ。そのほかの競技に協力した人員は、一部を除いて自衛隊の協力人員よりも少ない。

日本の団体の中には比較的歴史が浅く、国際的な競技大会の運営を経験したことのない団体もあった。組織自体が若いゆえ、経験値の足りない状態でオリンピックという国際大会を迎えなければならなかった結果、本来ならば競技団体が担当すべき業務についてもこなせず、自衛隊に協力を求めることになった。ほかに選手村の警衛など、国際的影響の大きいものでいっそう確実に業務を遂行する必要があった分野の協力、ヨット競技の協力のために小型艇が不足し、やむをえず大型の艦艇を派遣したなどの理由により、協力人員が多くなった。

このような状況下にあって協力したので、業務の範囲についてはすべてが先例として扱われることは好ましくなかった。これについては陸・海・空各自衛隊すべてが同じ考えだったようで、それぞれの教訓事項でも明記されており、適当でない協力業務に対して、公式記録としては珍しく強い言葉で異を唱えている部分もある。それだけ現場で忸怩《じくじ》たる思いをしたのだろう。

アマチュアスポーツは「それぞれの職を持ち自己の持ち分において社会的貢献をなしつつある人々が生活の余暇にスポーツを楽しみ、スポーツが肉体と精神に与えるすぐれた影響をくみとってさらに生活の内容を豊かにしていくものである」と言われている。となると、各加盟競技団体は後輩の指導を行なうとともに、運動競技会の運営も自ら実施することに意義がある。つまり、運動競技会に対する自衛隊の協力は、組織化された人員・装備を提供しなければ運動競技会の運営が円滑に実施されない部門に限ることとし、個々の隊員の役務の提供を主とする漕艇やカヌーの発進補助、射撃の標的審査補助・記録・監的業務・プーラー・トラップの取り扱い、馬術競技の競技場の整地などの業務は、本来は競技団体がすべき仕事だった。

協力に要する費用について

防衛庁はOOCから1964年度の予算積算に必要な資料を要求されたので、第3次の協力の要請（1963年6月）を基礎として、協力のために要する費用の見積もりを行なった。この当時、OOCが防衛庁へ協力を要請する業務については確定していたものの、その期間は明確に定められてはいなかった。そこで協力期間がはっきり決まっていないまま、推定して見積もりを出すという雑というか詰めが甘いことをした結果、案の定、推定した協力期間と実際の協力の実施に差が生じ、旅費の滞在日当が不足してしまった。このため防衛庁はOOC支援要請費の一般旅費の一部を充当した。要は自腹を切ったということだ。

事務用消耗品使用の見積もりは、自衛隊の恒常業務のための消耗基準で積算したが、OOCから受領したのはその消耗基準より約30パーセント多かった。それでもまだ不足しがちだったことから、協力のためには自衛隊の消耗基準の30～40パーセント程度の増加が必要という教訓を得た。

東京大会の協力のために要した旅費の受領事務は、隊員の旅費を一括請求・受領することを指定された者がOOCから一括受領して隊員に支払った。この場合、請求・受領することを指定された者は、その預かった旅費を万が一紛失した場合の責を免れることができないという問題があった。幸い東京大会の協力についての旅費の請求・受領事務には事故がなかったが、協力の規模が大きくなるにしたがい、この種の事故が皆無とはいえないし、また事務取り扱いの指定者の精神的負担も大きい。この種の事務は、本来協力の依頼者が個々の隊員に直接支払うべきものであるという教訓を得た。

陸上自衛隊の教訓

支援集団の要員は全国各地の350個部隊から集められたが、自衛隊本来の任務に支障をおよぼすことはなかった。さらに全自衛隊の支援集団に対する強力な応援と協力は、全自衛隊一丸となって東京大会協力にあたる結果となり、協力成功の原動力となった。

また、支援集団はオペレーションに必要な簡素な組織で協力に専念し、行政・管理については東部方面隊が担当して全面的に支援集団をバックアップする態勢をとった。これが非常に効果的で、支援集団は後方の複雑な業務にわずらわされることなく、自分たちの業務に専念できる環境づくりにつながった。

［部外との調整における人間関係］

東京大会協力はＯＯＣをはじめ部外関係機関などの折衝が多く、双方の立場の相違から難しい問題もあった。部外との調整にあたっては、折衝にあたる人間関係がとりわけ重要なので、それも考慮した上でＯＯＣに派遣職員として幹部を配置したことは、支援集団とＯＯＣとの円滑な調整に大いに役立った。

また、オリンピック集団司令部を１９６３年12月に発足させたことはよかったが、ＯＯＣなど部外機関との直接折衝が正式に認められたのは翌64年５月だった。オリンピック支援集団司令部は、細部事項に関しては「早い段階から自分たち下部組織に折衝させることが望ましかった」と振り返っている。

［編成・組織］

ほとんどの群・隊を混成部隊とせざるを得なかったが、これら混成部隊の統率にはやはり苦労が多かった。同じ駐屯地で同じ連隊に所属していても、「第１中隊は第２中隊をよく知らない」というのが珍しくない自衛隊だ。しかしいずれも隊員が各部隊から選抜された優秀な者である上にオリンピックという明確な目標があったので、各隊長の統率の適切さや各方面隊から派遣された連絡幹部の活躍などにより問題はなかった。さらに海自、空自、防大を指揮下に入れてもなお大きな問題もなく協力任務を完遂できたことは、自衛隊の今後に好例を残した。陸自視点では、統合運用大成功というわけである。

各群・隊の協力に支障はなかったものの、その細部が不確定のまま指示せざるを得なかったり、決定後に国際競技連盟からの変更要請に応じる必要もあった。緻密に準備を進めたい陸自の性格からしてみれば、この「見込み発進」的な流れはもっとも嫌うことだったろう。しかも用意周到に臨んだにもかかわらず、会場で国際競技連盟など日本の競技連盟より立場が上の者の鶴の一声で変更になってしまうのも、やりきれない思いがあったはずだ。これは変更が生じたという事態そのものより、「なぜこの段階で国際競技連盟から指摘されるまで、日本の競

女性自衛官へと名称が変わったのは2003年。今や女性でも戦闘機パイロットを目指せる時代だが、当時の婦人自衛官は陸自の看護婦のみ。(陸上自衛隊)

技連盟は気づかなかったのか」という落胆だったのではないか。

［協力業務の内容］

今回の協力業務の項目は、今後の国体などにおける協力要請の先例になると想像された。しかしこれらの項目はオリンピックが国際的行事であったこと、あるいは競技団体の特性などから東京大会の場合に限って受けた内容のものもあることを主張している。

陸自の記録では、一例として次のように記している。「たとえば漕艇やカヌー支援隊が協力した艇の発進補助（ウォーターマン）のごときはスポーツの本質からみて当然そのスポーツ関係者間で奉仕すべき性質のものであると考える」。「ごとき」「当然」「すべき」など、語句がきつい。競技関係者がやるべきことを自衛隊に振るな、そう言いたかったはずだ。しかしそこは大人の表現で、「本来の使命達成に支障のない範囲で政令に示された業務内容につき協力すべきであり、自衛隊の組織・装備を真に必要とする部門に限定すべきである」と記している。

［教育訓練］

支援群・隊の編成部隊の選定にあたっては、たとえばスポーツ大会の体験を持つ第31普通科連隊をライフル射撃支援隊の基幹部隊とするなど、また要員の選定にあたっては、輸送支援群ジープ隊の操縦手には1万キロ無事故操縦者をあてるなどの配慮があったため、教育訓練が行ないやすく、任務も確実に達成することができた。

準備訓練については、たとえば輸送支援群のジープ隊基幹要員に対し5月〜8月中旬にかけて行なった「車両操縦手等集合訓練」では運転の訓練を約300時間使って実施し、複雑な東京都内の交通事情に慣熟させたので、1件の事故もなく各国選手団のリクエストに応じることができた。

［緊急患者後送にヘリコプターの使用］

衛生支援の実績を決定づけたものは、ヘリコプターによる患者輸送だった。戸田漕艇場からのヘリによる患者緊急輸送の成果を見てもわかるとおり、都市の交通事情、後送距離、時間などの問題点を検討すれば、今後の緊急輸送の主体はヘリに置くべきという教訓を得ている。

［競技役員兼任］

競技協力に直接任じる支援隊長を競技役員にすべきであるという意見もあったが、競技役員はその競技の運営委員長の統制を受けることとなるため、自衛隊にふさわしくない業務をも受諾しなければならないことも起こりうる。協力は競技団体などと対等の立場で実施されるべきであり、今回各競技の支援隊長を競技役員にしなかったことは適切だった。

［協力業務に対する錯誤の防止］

前年の国際スポーツ大会で国旗を上下逆に掲揚するという痛恨のミスから得た教訓を生かし、掲揚索への国旗取り付け金具を上下それぞれ異なる色にすることをOOCに提案。採用されて金銀2色としたので、国旗の取り扱いには一度のミスもなかった。

［携行食］

協力部隊に対する日々の携行食はほとんど非常用缶詰食、パン食などに依存したので、その内容は単調となり、隊員にストレスを与えた。とくにパン類は野外において喫食しにくいなど、将来、予算や衛生面なども考え合わせながらさらに研究の必要があることがわかった。この点について、現在の自衛隊はかなりの改善が見られている。

［広報］

東京大会広報の一元化のために東部方面総監部オリンピック広報渉外センターを設置し、内局、各幕僚監部がこれをバックアップしたので業績は上がり、支援集団の活躍、自衛隊の真姿をあますところなくＰＲすることができた。また、支援集団の各支援群・隊に同センターの広報要員を必要に応じて派遣し、協力状況の広報業務にあたらせたので、支援集団の第一線協力部隊はこの種の業務にわずらわされることなく本務に専念することができた。１９６４年時点では、自衛隊史上もっとも効果的な広報ができたといえるだろう。

海上自衛隊の教訓

［ヨット競技支援部隊全般］

協力にあたっては各種の部外団体、多数の部外者と接触し、また協同作業を行なわなければならなかった。これらの部外団体の関係者はほかにも職務を持っており、勤務の時間外に作業を行なう場合もあって窓口は不明瞭だった。まとまった統制などは期待できない場合が多く、苦労することが多かった。

［音楽隊関係］

表彰式の国歌の演奏はほとんどの国歌とも30秒で切られることになっており、譜面も30秒分しか記載していなかった。英国系の国歌を除いてはすべて途中で打ち切られたが、これはあらかじめ決定されていたものであったとはいえ、結果から見て「あまり好ましいものではなかった」との記述がある。この教訓は海自のページに記されているものだが、表彰式の国歌演奏は陸自や空自の音楽隊も行なっているため、おそらくどの音楽隊も同じ思いを抱いたに違いない。

『東京オリンピック作戦』には、陸上自衛隊第4師団（福岡駐屯地）の音楽隊からやってきた隊員が、「今度の東京大会は、秒単位の正確度で運営されたのであるが、テレビ・ラジオにかじりついているであろう勝者の国の人々に、じっくり祖国の歌を味わわせてあげたいものであった」と、胸の熱くなる一文を記している。

それにしても30秒で一律打ち切りとは、なんとも強引であるし、きわめていただけない。過去に海外で行なわれたサッカー日本代表の試合で、君が代の最後が不自然にフェードアウトされ、最後まで演奏されないまま終わってしまう場面を見て、非常に不快な思いをしたことがある。選手は苦笑いしていたが、国歌を大切に扱わないということは、その国に対して敬意を払っていないということではないか。ましてや国旗掲揚にかかる時間を一律で打ち切るなど、言語道断。二度としてはならない行為である。

［費用関係］

海自もＯＯＣから受け取る費用については大きなストレスを抱えたようだ。費用関係の執行にあたっては双方の経理関係諸規則の相違などにより多くの問題が発生し、その執行が渋滞した。この影響は部隊の末端におよぶにしたがって大きく表れ、とくに海上部隊の支援の中には、なんと訓練に支障が生じたところまであったという。支払ってもらえるとわかってはいるものの、その実行が遅すぎては問題が生じるのも無理はない。費用の執行手続きの協定が必要である。

［気象］

ヨット競技に必要な気象関係事務は当初、いっさいを気象庁とＯＯＣ（ヨット協会）が担当し、選手が要求する気象資料の配布もＯＯＣが担当することになっていた。

しかし国際慣習によれば、ヨット競技を海軍が協力する場合、選手はかならず海軍に天気図その他の資料を求めていた。ヨット協会がそれを把握していていたのか、あるいはしていなかったのかは不明だが、海自としてはその前例にならい、万一選手からの要求があった場合にはいつでも応じられる態勢を整えた。すると、なんとほとんどの選手が毎朝８時頃には支援部隊に天気図を要求した。そこで支援部隊では毎朝８時までに午前３時と６時の天気図１５０枚を用意して要求に応じたところ、選手たちから非常に感謝され賞賛を受けた。

想定内ではあったが支援業務には含まれてはいなかったこと、そしてそれに対する労力を惜しまなかったことで得られた評価だ。今後ともヨット競技などに協力する際は、シーマンシップの一環として注意を払う必要があるという教訓を得た。

航空自衛隊の教訓

防衛庁公式記録に記載されている空自の教訓は1ページにも満たず、そっけなさすら感じる。

冒頭にはいきなり、部外団体や陸自との協調上の理由もあったが、業務内容の検討が不十分なため協力要員の集結時期が早すぎたと思われるものがあり、かえって士気の低下や勤務意欲の阻害をきたしたきらいがあったという記述がある。

これは明らかに陸自の支援部隊に組み込まれるかたちで協力した業務について述べたもので、暗に陸自を批判している。アウェーならではの苦労は少なからぬものがあったのだろう。陸自視点では統合運用大成功だとしても、本来は対等な立場なはずなのに陸自部隊の指揮下に置かれその指示を受け、しかも陸自駐屯地内で起居するという心理的な負担も加わった。空自には空自の言い分があるのだ。

この教訓部分で、五輪飛行の成功にいっさい触れていないのも気になる。「あれは空自の手柄ではなくブルーインパルスの手柄」というつもりはないだろうが、それとも教訓として記すべきことはないということなのだろうか。

また、漕艇競技に協力した空自も「比較的軽易な使役的性格の強い漕艇のスタート補助、役員連絡車両の提供等の業務は今後の国内大会などでは協力すべきではない」と、強い言葉で業務の一部を否定している。隊員たちはたとえ疑問に思う業務でも、命令があれば粛々と行なうし、手を抜くこともない。「使役的性格の強い」業務や「役員連絡車両の提供」なども、「なぜこんなことまでやらなければならないのか」という思いを殺して全力で支援する。

そもそも空自に限らず自衛隊はこのような支援を行なう必要はないし、すでに現在は競技団体も歴史を積み重ね、そのような支援はもはや必要としていないだろう。

なお、陸自からも大好評だった支援隊要員に空曹候補者課程修了直後の隊員を多数充当したことは、短期間の部隊練成を容易にし、任務遂行上きわめて良好な結果を招いたと、空自も満足したようだ。

1964年東京パラリンピック支援

「パラリンピック」の名称が初めて使われた大会

オリンピックに続き、パラリンピックが開催された。パラリンピックはパラプレジア（下半身まひ）とオリンピックを組み合わせた造語で、1964年の東京大会から使われるようになった名称だ。その後、「まひ者」ではなく「身体障害者」の国際大会という意味合いを強めるため、パラレル（類似した、同様の）とオリンピックを合わせてパラリンピックと解釈されるようになった。

パラリンピックの原点は、1948年にロンドン郊外にあったストーク・マンデビル病院で行なわれた16名の車椅子患者によるアーチェリー大会だ。この大会が毎年開催され、国際ストーク・マンデビル大会へと発展した。さらにオリンピックが開催される年は、オリンピック開催国でオリンピック終了後に開催することになり、1960年にはローマで国際ストーク・マンデビル大会が開催された。これが第1回パラリンピックと位置付けられている。

1964年、東京で開かれた第2回パラリンピックでは9種目が行なわれ、21カ国、378名の選手が参加（日本パラリンピック委員会HPより）。ちなみに2012年のロンドンパラリンピックには、20競技503種目に164の国と地域から約4280名の選手が参加。日本からは134名が17競技に参加、金・銀メダル各5、銅メダル6という成績を残している。

陸自のパラリンピック支援群

自衛隊は陸上自衛隊第1師団を中心としたパラリンピック支援群を編成。支援群長は第32普通科連隊長の副田忠夫1等陸佐。第1師団のほか、第12師団、第1空挺団、東部方面音楽隊などからも増援し、パラリンピック支援群隷下に群本部、競技支援隊、送迎支援隊、パトロール隊、音楽支援隊、通信隊、輸送支援隊、整備班、警務支援隊などを組織した。

競技関係・警衛関係各230名、送迎関係106名の支援隊員は11月5日から20日まで、音楽、競技、警衛、送迎、輸送の分野、つまりほとんど全面にわたる支援を行なった。東京オリンピック支援集団の人員に比べればはるかに少ないが、支援の中身に遜色はない。むしろ選手の障害に合わせて支援の仕方も変える必要があるなど、より難易度の高い支援が求められたといえる。

各支援の内容は次のとおり。

音楽：開・閉会式での国歌やファンファーレの演奏、表彰式や競技の合間に行なわれるアトラクションでの音楽演奏競技：通信支援、競技記録の連絡、旗章支援（国旗掲揚、降下など）、競技場内外のパトロール警衛、選手の誘導、見物人の案内整理
警衛：ゲート支援（選手村の警衛、各門通行者と物品の点検、各門付近の警戒）、パトロール支援（選手村内を巡察による警衛）
送迎：介助支援（羽田空港、東京駅、上野駅における選手の介助、荷物の積載、卸下《しゃか》）、選手村到着および出発時の介助、荷物の積載、選手の観光（都内、箱根）時の乗降車介助
輸送：選手、付添者の荷物の空港、駅と選手村間の輸送

オリンピックの支援同様、かゆいところに手が届くというか、ほとんど支援という名のおもてなしである。これだけきめ細やかなサポートを、バリアフリーという言葉もなかったであろう半世紀前に実施したとは、ここにも自衛隊の勤勉、実直な姿勢が表れている。

円滑な大会進行を強烈にサポート

１９６４年のパラリンピックは11月8日～12日までが第一部（下半身まひ者国際競技会）、13日～14日が第二部（国内一般身体障害者競技会）に分かれていたが、支援の内容自体に差はない。

支援のための訓練は、10月に集中して行なわれた。その内容は「パラリンピック支援の心得」といった座学から、食卓につく選手の付き添いとしてのマナーの勉強、送迎支援の現地研究まで多岐にわたった。また、パラリンピック支援ならではの訓練のひとつに、「介助訓練」があった。これは習志野駐屯地に国立箱根療養所の医務課長を招き、窓や階段、座椅子などを用いて選手との接し方を学ぶというものだ。11月に入ると主催者側の予行に参加、本番に備えた。

外国選手の来日は11月4日から始まり（予定より1日早いフライング到着だった）、6日の15カ国来日をピークに、7日朝にはほぼすべての参加選手が選手村に到着した。自衛隊の支援とは話がそれるが、翌日には開会式、すぐに競技スタートという日程は、長い移動時間や時差を考えると健常者でもきつい。ベストな状態で競技に臨めなかった選手もいたかもしれないと思うと気の毒だ。

7日の午前中には選手村でパラリンピック支援群の編成式も行なわれた。オリンピック東京大会開会式からほぼ1カ月後の11月8日、第2回パラリンピック大会の開会式が代々木公園の織田フィールドで行なわれた。式典はきびきびとした支援があると引き締まるし、質も高くなる。この開会式でも予想通り、支援群の支援は絶賛された。

もちろんそのほかの支援でも同様で、競技会場となった織田フィールドや国立競技場、東京体育館のプールなど、随所に支援に励む隊員の姿が見られた。

初めて国際的なスポーツ大会へ参加した日本人選手たちも健闘、金1、銀5、銅4というメダルを獲得した。パラリンピック支援群の「親身のいたわりと力強い激励」をモットーとした支援は、障害者アスリートの体だけでなく心も支えたに違いない。

第4章　自衛隊体育学校とメダリスト

ふたりのメダリスト

東京五輪金メダル第1号、三宅義信

１９６４年のオリンピック東京大会で、日本は金16、銀5、銅8という華々しい結果を残した。そのうち金メダルと銅メダル獲得に貢献した、自衛隊体育学校のアスリートがいる。東京大会を語るに、そして体育学校を語るに欠かせない、三宅義信《みやけよしのぶ》と円谷幸吉《つぶらやこうきち》である。

三宅氏はローマ大会で銀メダル、東京大会とメキシコ大会で金メダル、そしてミュンヘン大会で4位入賞と、4大会連続でオリンピックに出場した重量挙げの選手である。ロンドン大会48キロ級の銀メダリストである三宅宏実は姪にあたる。

三宅氏は高校時代に重量挙げを始めた。その頃は柔道をやっていて、小柄のハンデを補うために筋力をつけようとしたのが競技を始めたきっかけだったという。監督もコーチもいない、練習施設もないという環境だったから、トロッコの車輪を持ち上げてトレーニングした。それでも天賦の才と日々積み重ねた努力で、重量挙げを始めてわずか半年後には全国大会で入賞するほどの力をつけた。そして日本代表として臨んだローマ大会、重量挙げで日本初となる銀メダル獲得に周囲は湧いたが、金メダルを取る自信満々で乗り込んだ本人としては納得できない結果だった。誰よりも重いバーベルを持ち上げる力はあっても、生まれて初めての飛行機、生まれて初めての海外、なじみのない食事、ローマに到着してから試合当日までの調整、そういった慣れない出来事が競技に影響したのだ。

1962年に法政大学を卒業すると自衛隊に入隊、体育学校の第1期生として競技に打ち込んだ。オリンピックで頂点に立つには心技体がバランスよく最高の状態に整っていることが必要であることをローマ大会で痛感した三宅氏は、多い日は1日計100トンのバーベルを挙げて肉体の限界に挑んだ。次は金メダルをという日本中から寄せられる重圧に打ち勝つ精神力を培うため、座禅を組み、滝に打たれ、大学の剣道場で大声が響きわたるなかでバーベルを挙げた。

給与が1万2000~3000円の時代に自腹で8万円する最新の8ミリカメラを購入し、

自身のフォームの研究もした。さらに1日30品目食べ、炭水化物、タンパク質、脂質、ビタミン、ミネラルをバランスよく摂取。体を作る時期は1日4~5キロ、7000~8000キロカロリーの食事をとり、本番に合わせて64キロの体重を目標の59・3キロにきっちり落とした。ウェスト75センチ、胸囲110センチ、太もも63センチ、首周り42センチという筋骨隆々の体は、日本選手団のユニフォームを作るため採寸した仕立て屋を驚かせたという。

日本人メダル第1号として重量挙げで金メダルを獲得した三宅義信選手。現役引退後は自衛隊体育学校長なども務めた。(アフロ)

　やることはすべてやったと思えるほど準備を整えた三宅選手を後押しするように、重量挙げは東京大会の2日目、最初に行なわれる競技に設定された。これはローマ大会で現地入りしてから試合まで40日もかかり調整に手間取ったことが教訓となっていたことと、早い時点でオリンピック開催国である日本が金メダルを獲得することで東京大会を勢いづけるという意味があった。

皇太子ご夫妻が観戦に訪れたことからも、三宅氏に対する期待がいかに大きなものだったかがわかる。その重圧は24歳の青年にとってどれほど重く苦しいものだっただろう。しかし三宅選手は9回の試技をすべて成功させ、フェザー級で397・5キロという世界新記録を打ち立て、みごとに期待に応え、日本の金メダル第1号を勝ち取ったのだった。本命がその期待どおりに本命としての役目を果たすことのプレッシャーをはねのけての勝利だった。

優勝した瞬間は、うれしさや喜びよりも「終わった」という安堵の気持ちのほうが大きかったという。時間が経つにつれて「よくやれたなあ」と実感が湧いてきたそうだ。

三宅選手は68年のメキシコ大会で連覇を達成、このときは弟の義行氏も銅メダルを獲得、今のところ兄弟そろって表彰台に上がった日本で唯一のオリンピアンとなっている。

現役引退後も幹部自衛官として勤務するかたわら、数多くの選手を育成し、76年のモントリオール大会から84年のロサンゼルス大会まで全日本チームの監督を務めるなど、第一線で日本の重量挙げ界を牽引してきた。

1997年に自衛隊体育学校長を最後に退官、現在はNPO法人「ゴールドメダリストを育てる会」理事長を務め、スポーツ環境の充実に尽力、金の卵への指導や支援を続けている。

また、2014年には現役復帰、翌年には世界マスターズ選手権で銀メダルを獲得するなど、43年ぶりに国際大会復帰も果たした。胃がんや慢性的な膵炎と戦いつつ「2020年東京五輪を盛り上げるために80歳まで頑張る」と意気込む姿は、若いアスリートに刺激を与えている。

オリンピックに散った悲劇のランナー、円谷幸吉

東京大会で日本代表が最初に獲得したメダルは体育学校に所属する三宅氏の重量挙げだったが、最後を飾ったのも同じく体育学校のアスリートだった。男子マラソンで銅メダルを獲得した円谷幸吉だ。

1940年に福島県須賀川市で生まれ、元軍人の父親によって厳しくしつけられた一方、年の離れた6人の兄・姉たちからは末っ子としてかわいがられ、円谷の素直で礼儀正しく真面目な人間性が育まれた。走り始めたのは高校2年生の春と決して早くない。高校に入ってから始めた珠算、剣道、速記などのクラブはどれも長続きしなかったが、走ることだけは飽きなかった。

注目されるようになったのは、その年の秋に代走で出場した福島縦断駅伝で区間新記録をマ

２等陸士から陸曹となり、勤務成績が認められて幹部自衛官になった円谷幸吉選手。享年27、あまりにも短い人生だった。(陸上自衛隊)

ークしてからだ。高校3年では5000メートルの選手としてインターハイに出場するまでの実力をつけていた。

高校卒業後は陸上自衛隊に入隊。自衛隊の規律正しい生活は、厳格な父親の教育を受けた円谷にとってはなんということもなく、すぐに新たな環境になじんだ。ただし入隊してから最初の3カ月間行なわれる新隊員教育期間中は、起床から就寝まで分刻みにやることが決まっていて、走る時間はまったく作れなかった。

教育を終えて福島県郡山駐屯地に所在する第6特科連隊に配属されると、ようやく課業終了後に自由時間が得られるようになった。ひとりで黙々と走る円谷の姿を見て声をかけたのが、野球部員だった斎藤章司3等陸曹だ。ちょっと付き合って一緒に走ってやるというつもりが、次第に斎藤3曹も走ることにのめり込み、ついにはふたりで陸上部を結成する。ふたりはよいライバルとして切磋琢磨しあい、実力に磨きをかけていった。大会で結果を出すようになると自衛隊のPRにもなるので部隊も喜び、練習時間を融通してもらえるようにもなった。

自衛官ランナーとして着実に実績を積んでいった円谷は、体育学校設立準備委員だった畠野洋夫1等陸尉（1963年に1尉に昇任）と出会い、その才能を見込まれ、オリンピックに出場する選手を強化・養成するために設立された体育学校に第1期生として入校する。

実は入校のための選考会は持病の腰痛のため、円谷は参加していない。畠野1尉の推薦があっての入校だった。それまでの練習量をひたすら重視した我流のがむしゃらなトレーニングから、体のケアも行ないながらのトレーニングとなり、円谷はアスリートとして一層成長した。

入校した年の秋に行なわれた日本選手権では5000メートルで日本歴代2位という記録を出し、オリンピック強化指定選手に選ばれる。さらに翌年に参加したナショナルチームのニュージーランドでの強化合宿では2万メートルの世界新記録を樹立、その後に開催された大会でも好記録を出し、東京大会1万メートルの日本代表に決まった。

円谷はこの時点で、まだフルマラソンの大会に出場したことがない。マラソンランナーとしての記憶が強烈で忘れられがちだが、円谷は東京大会で1万メートルとマラソンの2種目に出場しているのである。

トラックと駅伝に強い選手という評価を受けていた円谷のスピードに注目し、マラソンを強くすすめたのは、日本陸連の織田幹雄《おだみきお》オリンピック強化本部長だ。円谷と畠野1尉はマラソンにも挑戦することを決意、オリンピックが開催される1964年の3月に、初めてマラソンに出場した。この大会で5位と健闘、さらにその大会からわずか3週間後に開催されたオリンピック最終選考会となる毎日マラソンでは2位となり、マラソンでもオリンピック代表を決めた。

つまり円谷は、生まれて初めて出場したマラソンレースと2度目のレースの2回の結果で、代表の座を勝ち取ったのだ。その後、東京大会までにさらに1度マラソンに出場しているから、オリンピック本番までにフルマラソンのレースを経験したのは3度だけということになる。

東京大会では、大会6日目に行なわれた1万メートルで円谷は6位入賞を果たした。トラック競技で長らく入賞者が出なかった日本にとって、これは28年ぶりの快挙だった。そして10月21日、いよいよ迎えたマラソンでは、本命と言われていた君原健二選手や寺沢徹選手を後ろに残し、円谷はエチオピアのアベベ選手を追った。国立競技場でゴール直前に英国のヒートリー選手に抜かれたものの、円谷の銅メダル獲得に日本中が歓喜した。

しかし、そこから円谷の人生は暗転する。さまざまなイベントに呼ばれ多忙な日々を送りながらも、大会にはハイペースで出場した。しかし持病の腰痛が悪化し、結果が出ない。東京大会でメダリストを輩出するという目的で創立された体育学校も、その役目を果たしたことから、次の体制へと見直しが行なわれた。

学校長はこれまで佐野常光陸将補、吉井武繁陸将補と円谷の理解者が続いたが、五輪後は円谷を学校全体が応援するというよりも、体育学校の選手はステートアマチュアであると考える校長が着任した。そのためトレーニングだけに専念できる環境も見直され、陸曹となっていた円谷も久留米にある幹部候補生学校へ入校、8カ月にわたりろくにトレーニングできない環境となった。

国立競技場に響き渡る声援は、迫りくるヒートリーの足音を消した。走っているときに後ろを振り返らない円谷は、ゴール直前にヒートリーにかわされ3位となった。(アフロ)

ちなみに、幹部候補生

学校での教育課程は基本的に陸上自衛隊の幹部自衛官になる者すべてが一度は通過するところであり、入校中は学校（前川原駐屯地）近くにある標高312・3メートルの高良山《こうらさん》への登山走が恒例行事となっている。円谷もこの高良山走に参加、18分09秒という驚異的な記録は今も歴代断トツの1位で破られていない。

現在は円谷が走ったルートとは若干変更があるが、それでも高良山走を経験した幹部自衛官いわく「尋常ではないタイム」だという。しかもこの記録は、円谷はまず同じルートを走り、戻って来てからあらためて走った際に測定した記録という驚愕するような話もある。腰痛や練習不足に悩みながらも圧倒的な速さを見せる円谷の生きた証しは、そんなところにも残っている。

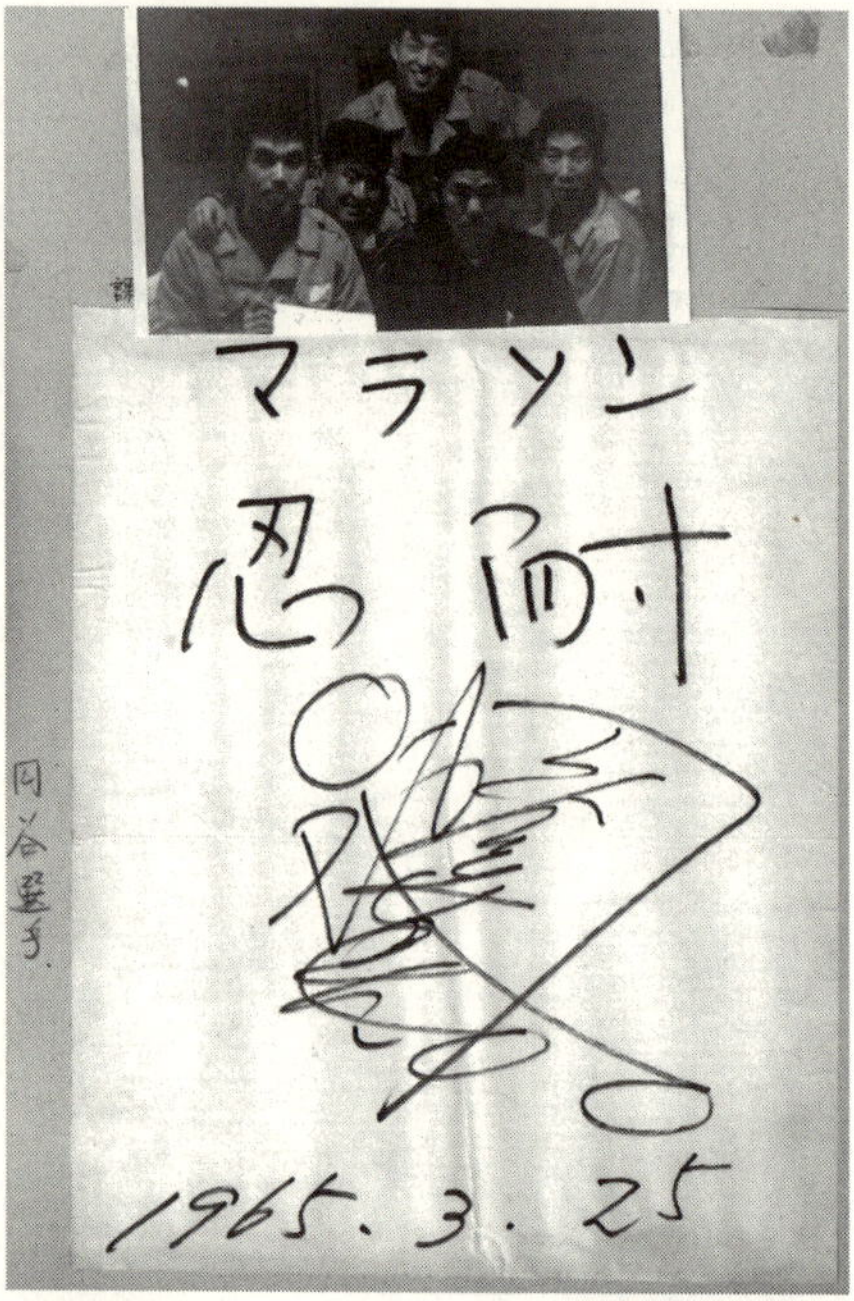

標識隊員だった防大12期の及川輝彦氏が円谷選手にもらったサイン。記念撮影にも快く応じてくれたという（円谷選手は前列右から２番目）。

「結婚よりも次のオリンピックが優先」と、学校長の強い反対で婚約者との結婚が破談となり、円谷と深い信頼関係があり結婚を応援していた畠野1尉は、北海道へ転属となった。孤立無援となった円谷は次のオリンピックで金メダルを取らなければならないという重圧からオーバーワークとなり、ついに椎間板ヘルニアを発症、1967年には手術を受けた。さらに痛めたアキレス腱の手術も行なったが、もはや以前のような走りができる体ではなかった。

心の支えを失っただけでなく走る力も失った円谷は、メキシコ大会が開催される1968年1月9日、正月に帰省して体育学校宿舎に戻って来てから27歳という若さで自ら命を絶った。感謝の言葉を繰り返し、最後に詫びをつづった家族へ残した遺書はあまりに有名だ。

実直で責任感の強い性格ゆえに招いた悲劇は、円谷を心身両面にわたってサポートする環境や存在があれば防げた可能性は否定できない。現在の体育学校が選手それぞれの個性を尊重することで結果につなげていくような指導を行なっているのも、約半世紀前の大きな代償があってのことかもしれない。

須賀川市では円谷の業績をしのび、毎年秋に「円谷幸吉メモリアルマラソン」を開催、「円谷幸吉メモリアルホール」には記念品や資料とともに円谷の軌跡が紹介されている。

オリンピック選手の育成

メダリスト養成機関「自衛隊体育学校」

１９６４年の東京オリンピックから２０１２年のロンドンオリンピックまで、何人もの自衛官アスリートがオリンピックというひのき舞台で活躍、メダルを獲得してきた。

ロンドン大会では金メダルと銅メダルが２つずつと、１９８４年のロサンゼルス大会に次ぐ成績を残した。ロサンゼルス大会では金メダルと銀メダルが各２つだったが、ソ連や東欧諸国が不参加だったことを考えれば、ロンドンで獲得した４つのメダルはロサンゼルス以上の重みがあるといえるかもしれない。

ところで、自衛官アスリートの活躍は知られているにもかかわらず、彼らが所属している「自衛隊体育学校」は驚くほど認知度が低い。とくにアスリートやその関係者以外の、競技スポーツと関わりを持たない国民にとっては、体育学校という名を耳にしたこともないという人が圧倒的に多いだろう。しかし、この体育学校こそ、オリンピックで活躍する自衛官を世に送り出しているところであり、２０１２年にはＪＯＣ（日本オリンピック委員会）からロンドンオリンピックでもっとも活躍した団体に贈られる「トップアスリートサポート賞２０１２年度

陸上自衛隊朝霞駐屯地内にある自衛隊体育学校。充実した環境で競技に専念できる一方、世界に通用するレベルが求められる。手前の桜は「九個種別班の桜」。

最優秀団体賞」を受賞している機関である。これは体育学校がオリンピック選手の育成ならびにサポートに関し、もっとも優秀な団体機関のひとつであるという証しである。

体育学校は陸上自衛隊朝霞駐屯地内に所在する陸・海・空自衛隊の共同機関であり、オリンピックでのメダル獲得を目指す選手たちが所属している。自衛隊の組織のひとつなので、選手の身分はみな自衛官だ。

近代オリンピックに軍隊の支援が不可欠であることはすでに述べたが、かつて外国では多数の軍人が競技者としてオリンピックを含む国際大会に出場し、好記録、好成績を上げていた。国際大会が国家の精強さを示すひとつの目安だと考えれば、軍人とスポーツの深い関わりも自然な成り行きである。体育学校も1964年オリンピックが東京で開催されることに決まり、開催国として恥ずかしくない成績を上げるための手段として設立されたという経緯がある。

東京での開催は決まったものの、それまでのオリンピックにおける日本の成績は振るわなかった。開催国がぱっとしない成績では国の威信に関わる。オリンピックで活躍できる、つまりメダルを狙える選手の育成は国を挙げて取り組むべき重要事項だった。

当時の防衛庁長官だった江崎真澄氏は、自衛隊の中に体育の専門学校を設置してオリンピック選手を育成し、オリンピック成功に寄与しなければならないと考え、学校の創設を後押し。そして1961年8月に自衛隊体育学校が誕生した。

異なる役目を担う2つの教育課と冬季特体室

しかし、スポーツ選手を量産することは自衛隊の本来の任務ではない。実際、体育学校設立の目的は「部隊における体育指導者の育成と体育に関する調査・研究」とある。体育学校にかかる費用はすべて税金から出ていることを考えれば、体育学校で行なわれていることが部隊に還元され、結果として隊員の体力向上、ひいては部隊の精強化につながらなければならない。

そこで、体育学校には2つの教育課が設けられている。ひとつは部隊の体育・格闘指導者育成のための教育や訓練を行なう第1教育課、そしてもうひとつがオリンピック出場など国際級選手の育成を行なう第2教育課である。

さらに2016年3月に冬季戦技教育隊の特別体育課程教育室が冬季特別体育教育室、通称「冬季特体室」となり、これまでの北部方面隊隷下から体育学校隷下となった（所在地はこれまで通り札幌の真駒内駐屯地）。この改編により、冬季オリンピックのメダル獲得に向けて、選手育成を充実させる。

また、体育学校には「部隊等における体育指導者の育成」「オリンピック等国際級選手の育成」「体育に関する調査研究」という3つの使命が課せられている。

もう少し詳しく組織を見てみると、体育学校長以下、副校長、最上級先任曹長、企画室、総務課（総務班、人事班、広報班、管理班）、第1および第2教育課、冬季特別体育教育室、スポーツ科学科、医官がある。

第1教育課には教務班、体育班、格闘・武道班があり、一般体育課程教育や集合訓練を実施し、部隊の体育・格闘指導者としての必要な基本的な知識および技能を習得させている。

一般体育では幹部体育専修課程（16週）、幹部体育課程（6週）、上級格闘指導官課程（7週）、曹体育専修課程（16週）、曹体育課程（6週）があり、年間約300名の学生を教育。集合訓練には球技（ラグビー、バレーボール、サッカー）指導者集合訓練（6週）、持続走指導者集合訓練（6週）、上級格闘指導官集合訓練（資格更新：1週）、武道（空手、剣道、銃剣道、柔道）指導者集合訓練（6週）、水泳指導者集合訓練（2週）があり、年間約400名の学生を教育している。

なお、ここで出てくる「格闘」とは、自衛官が任務達成するために保有していなければならない必須の戦技である。第1教育課の体育課程や集合訓練を受けた要員が各部隊で隊員を指導することで、隊員たちの戦技向上と部隊の戦闘力増強が図られるのだ。

厚生活動として、各種目の競技会も開催されている。その種目はサッカー、空手、バレーボール、バスケットボール、ラグビー、テニス、弓道、柔道、合気道、居合道、ハンドボール、アーチェリー、剣道、レスリング、バドミントン、拳法、卓球と多岐にわたり、その規模も居合道の約40名といった小規模なものから柔道・剣道の約1000名、拳法の約1100名という大規模なものまでさまざまだ。

さらに自衛官がよく出場する大会として、高松宮記念杯争奪全日本銃剣道選手権大会、秩父宮記念富士登山駅伝競走大会がある。

オリンピックをはじめとする国際級選手の育成を任務とする第2教育課は、教務班、運用班（スカウト係、スポーツ・トレーナー係）、レスリング班、ボクシング班、柔道班、射撃班、アーチェリー班、ウエイトリフティング班、陸上班、水泳班、近代五種班からなる。

体育学校が取り組んでいる競技は、原則としてこの9種目と新たに加わった冬季特体室の2種目（バイアスロン、クロスカントリー）の合わせて11種目である。２００７年に新設されたスポーツ科学科には総括支援班、マルチサポート班（測定分析係）があり、国際級選手の強化および体育指導者の育成のため、科学的トレーニングを実施している。

充実しているが老朽化、そんな建物も改修開始

日本陸連公認の全天候型トラック、日本水連公認のプール、総合体育館、屋内射撃場、馬術訓練場などのトレーニング施設が整備されており、競技できる場所が限られている射撃や、五種目すべてのトレーニングが1カ所で行なえる近代五種などは、体育学校だからこその恵まれた環境だ。

また、各種専門のトレーナーによるフィットネス、スキル、メンタル、栄養などの観点から充実したサポートが行なわれ、専属の医官も常駐している。さらに指導陣の多くは各競技の強化委員会や日本代表ナショナルチームの指導者であり、選手へのサポート体制は手厚い。一般企業からも声がかかったものの体育学校入校を選んだという選手の多くは、この充実した設備とサポートが決め手になったという。

東京オリンピックの会場となった射場は、半世紀以上の年月が経ち施設の老朽化が進んでい

たが、建て替えが決まった。ほかの老朽化が進む建物への補修も始まるなど、体育学校への予算もつきやすくなった。

その背景には2013年、2020年のオリンピック開催地が東京に決まった直後、小野寺五典防衛大臣（当時）のかけ声により開催された「防衛省・自衛隊2020東京オリンピック・パラリンピック特別行動委員会」におけるロンドン大会メダリストたちの発言も大きく関わっている。

同年10月の第2回特別行動委員会に参加した小原日登美《おばらひとみ》1等陸尉、米満達弘《よねみつたつひろ》2等陸尉、清水聡《しみずさとし》2等陸尉（当時）は、体育学校の冷房装置や老朽化したトレーニング器材などの設備的なハード面とトレーナーというソフト面での強化について、アスリートの立場から意見を述べた。それに加え、現在の体育学校施設が建設から20年以上経っているという状況も考慮し、大規模な改修が行なわれることになったのだ。

予算がつきやすくなった、自身もスキーやテニスに親しむ小野寺大臣が体育学校や自衛官アスリートに理解があった、なども要因として大きいが、体育学校と、その選手たちがロンドン大会で活躍したという事実がそれらをさらに後押ししたことは間違いない。結果を出せない組織に予算をつけにくいのは、官公庁も民間企業も同じである。

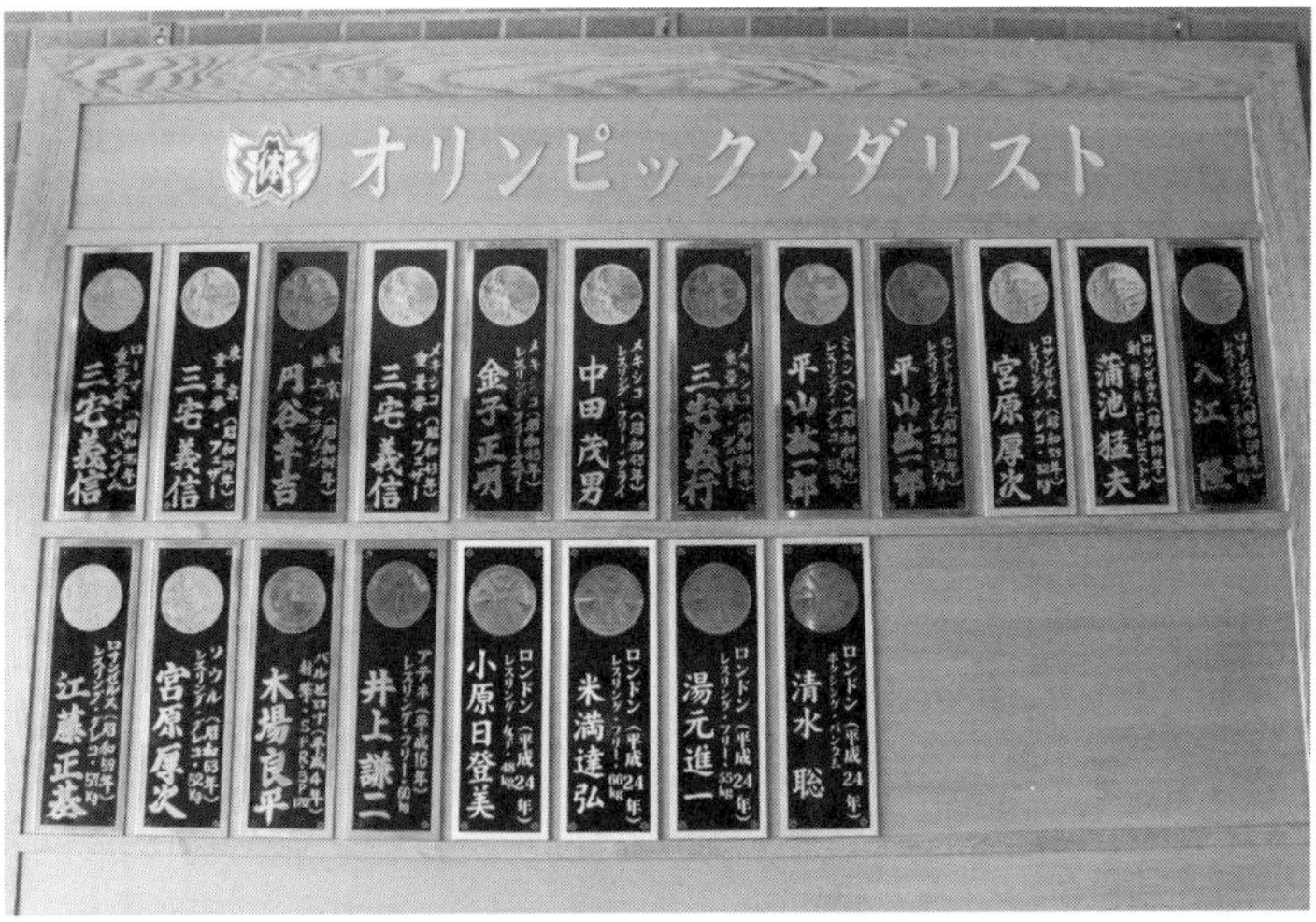

自衛隊体育学校にはオリンピックメダリストの名前が飾られている。国際大会、なかでもオリンピックでメダル獲得が体育学校の目指す頂点だ。

メダル獲得の有無が体育学校の評価を左右する

　１９６１年に自衛隊体育学校が設立されると、翌年にオリンピック選手育成のための第２教育課がスタートした。当初は旧軍隊舎を使用した貧弱な施設で、選手の居住する隊舎も夏は夜でも室内の気温が40度を超えることすらあったという。

　重量挙げの三宅義信氏はあまりに劣悪な環境に「もう体育学校では続けていけない」と思ったこともあったそうだが、そのハンデを乗り越え、体育学校に初のメダルをもたらした。

　これは東京大会の日本のメダル第１号でもあり、最終競技の男子マラソンでは円谷幸吉選手が銅メダルを獲得と、オリンピックの最初と最後が自衛官アスリートのメダルで飾られる結果となったのは、すでに述べた通りである。同時に、体育学校からメダリストが誕生したことにより、体育学校の存在意義も確固たるものとなったのだ。
東京大会からロンドン大会までの、体育学校のメダル実績は以下の通りである。
第18回東京 金1（重量挙げ）、銅1（陸上）
第19回メキシコ 金3（重量挙げ、レスリング×2）
第20回ミュンヘン 銀1（レスリング）
第21回モントリオール 銅1（レスリング）
第23回ロサンゼルス金2（レスリング、射撃）、銀2（レスリング）
第24回ソウル 銀1（レスリング）
第25回バルセロナ 銅1（ライフル射撃）
第28回アテネ 銅1（レスリング）
第30回ロンドン 金2（レスリング）、銅2（レスリング、ボクシング）
1996年の第26回アトランタ大会、2000年の第27回シドニー大会では無冠に終わり、オリンピックのメダルが獲得できない8年間は、あらゆる競技の選手のみならずコーチ陣もさぞや苦しい時期だっただろう。
2004年のアテネ大会で井上謙二選手がレスリングで銅メダルを獲得してくれたことで、

3大会連続メダルなしという最悪の状況は回避することができた。結果を出せない選手が体育学校にいられないように、結果を出せない体育学校の前途も明るいものではない。

こうして一覧にするとよくわかるように、ロンドン大会の好結果はここ数回のオリンピックの中でも突出している。その要因は、新たな指導法を採り入れたことにある。選手の「個」を重視し、各隊員の能力や性格に合わせた、きめ細かなトレーニングメニューを作成した。体育学校自体も変化を恐れず、選手の能力だけでなく個性も持ち味として伸ばすという柔軟な対応に挑戦した結果が、ロサンゼルス大会以来のメダル数獲得へとつながったのだ。

自衛官アスリートへの道

入校後も毎年ふるいにかけられる厳しい世界

体育学校に入校し、自衛官という立場からオリンピックを目指すにはどうすればいいのか?

体育学校の入校資格は競技によって異なるが、高校か大学・社会人で一定の成績を残していることが条件となる。

たとえばレスリングの場合は「全日本選手権大会、全日本選抜選手権大会、国民体育大会

（成人）のいずれかで3位以内」、あるいは「全日本大学選手権大会、全日本大学グレコローマン選手権大会、内閣総理大臣杯のいずれかで3位以内」が採用基準だ。

また、自衛隊入隊後に競技を始める選手が多い近代五種の場合、採用には水泳の成績が重視される。これらの条件を満たす者は「体育特殊技能者」として採用され、大学院卒は1曹、大卒は2曹、20歳未満は2士からスタートする。入校後は特別体育課程学生、通称「特体生」として各種目の専門訓練に従事、という流れになる。２０１１年に入隊し、リオ五輪の代表に内定しているボクシング男子ライト級の成松大介《なりまつだいすけ》2等陸曹や、２０１６年4月に開催された第92回日本選手権水泳競技大会兼第31回オリンピック競技大会選手選考会に出場し、男子８００メートルフリーリレーで代表内定を決めた江原騎士《えはらないと》2等陸曹も、体育特殊技能者として採用され、２０１６年春に入隊した特体生だ。

体育特殊技能者には満たないものの、将来的に有望な資質を持っているという選手の場合は、まずは一般曹候補生・自衛官候補生として入隊し、半年間の新隊員教育を受けてから一般部隊に配属される。つまり最初の部分は普通の自衛隊員と同じ道を進むが、そこから約5カ月におよぶ特別体育課程学生候補者集合訓練に参加する。この訓練で候補者たちはふるいにかけられ、選ばれた者は晴れて特体生として体育学校でオリンピックを目指す。選考から漏れた者は原隊《げんたい》に復帰、自衛官として職務を担ったり、体育指導者として隊員の指導にあたったりする。

体育学校でもっとも競技者の多いレスリング。競技にかける選手とコーチの熱い思いがトレーニングからも伝わってくる。

これまで部隊経験を経ずに直接入校できる体育特殊技能者は20歳以上が対象となっていたため、高校生はどれほど優秀な成績を残していても、一般曹候補生・自衛官候補生として入隊し、半年間の新隊員教育を経なければ入校することはできなかった。しかし、２０２０年を見すえ、東京でメダルを取れる有望な若手選手を獲得し育成するため、２０１５年度から高校生（正式には20歳未満）を直接体育学校に採用できるよう、採用年齢を引き下げた。

２０１５年度は近代五種に1名、ボクシングに1名（ボクシング班初の女子選手である）を採用、一部メディアでは「スーパー高校生」というネーミングで紹介された。２０１６年度も3名の採用が決まっている。

特体生になれた者も、それで安泰ではない。

新たな体育特殊技能者は毎年入校してくるし、集合教育を勝ち抜いて特体生を目指す隊員もいる。結果を出せない選手との「入れ替え」を毎年行なわなければ、体育学校の限りある定員で収めることはできない。成績が思わしくない選手に「次こそは」という期待だけでいつまでも置いてやれるほど、体育学校も世間の目も甘くない。

オリンピックでメダルを取って現役引退というのは選手としての理想的な王道だが、それが叶うのはごくわずかな、限られた一部の選手のみだ。それでも自分の限界を感じて引退する者はまだしも、ケガや故障に泣く者、まだ競技を続けたいが結果が出せない者など、本人の意思に反して現役続行が難しいケースも少なくない。

現役引退後も自衛官の身分は保証

しかし、現役引退→退職→再就職先を探す、とならないのが体育学校である。もともと現役時代も特別国家公務員という身分の保証された立場である自衛官アスリートは、引退後も自衛官であることに変わりはない。右も左もわからない世界にいきなり放り込まれるわけではなく、各種教育を行なってから第二の自衛官人生がスタートする。

「この間までアスリートだったのに、いきなり小銃を持ってほふく前進しなければならないのだろうか」と不安がるのは心配しすぎで、戦闘職種だけでなく支援職種もあるように、自衛官の仕事の内容は多岐にわたる。

たとえば、広報、隊員募集、援護などは、アスリートとしての知名度が活かせる職域だ。また、隊員の希望や能力によっては、体育学校でのコーチやスタッフ、あるいは体育教育に従事することも可能である。

「引退後も自衛官としての身分も生活も保障されている」という安心感は大きい。引退に限らず、ケガや故障で試合に出られないときも、放り出される心配はない。むしろトレーナーたちがその選手のためのプログラムを作り、ケガや故障をする以前よりも強い体になるよう、徹底的にサポートする。

体育学校では「体育学校ならオリンピックを目指せる理由」として次のことを挙げている。
●伝統と実績：多くの五輪選手、メダリストを誕生させてきた実績
●アスリートファースト：すべてが選手のために、その哲学がオリンピアンを生む
●ナショナルチームに直結した指導：監督、コーチの多くがナショナルチームのコーチ
●完璧なサポート態勢を誇る最高のトレーニング環境：施設と設備、そして医療体制を含むケア、サポート
●引退後も安心、特別国家公務員という身分：防衛省・自衛隊だからこその安定と保証
もちろん、選手自身のたゆみない努力は不可欠である。コーチやトレーナーを信頼すること

体育学校長の山中洋二陸将補。以前から「体育学校に勤めたくてたまらなかった」という。リオ五輪での選手の活躍も楽しみ。

と、言われたことをただこなすことは違う。

２０１５年夏から体育学校長を務める山中洋二《やまなかようじ》陸将補は、選手たちの日々の様子を目の当たりにして、「並ではない努力をしている」と感じ入ったという。若い選手もベテランの選手も柔軟性のある思考力を持ち、精神力が強いことにも驚かされた。そして、優秀な指導者はそろっているが、最後の最後は本人の努力がものを言う世界だとあらためて思ったそうだ。

体育学校で競技を続けられなくなった選手が、現役選手として競技を続けるために自衛隊を去っていくこともある。しかし体育学校という枠の中での勝負で勝てなかった人間が、日本や世界を相手にして勝てるとは思いにくい。

余談ながら、これが体育学校に掲げられている「錬磨五訓」である。
一、練習に泣き、試合に笑え
二、敵に勝つ前に己に克て
三、自ら技を工夫せずして勝利なし
四、技は、心と体との一体と知れ
五、積極攻勢こそが、勝利への要道

リオ五輪でいちばんメダルに近い男

競歩のトップ3が体育学校所属

ロンドン大会で文句のつけようのない成績を残した体育学校だが、ロンドン大会と2020年の東京大会の間に挟まれた2016年のリオデジャネイロ大会は、選手の新旧交代の時期とも重なり「冬の時代」ともいえる。

お家芸であるレスリングはロンドン大会でのメダリストが全員引退し、メダル候補どころか代表に選ばれるかどうかというぎりぎりの瀬戸際、柔道もしかり。その中で現在、体育学校の中でオリンピックのメダルにいちばん近いと言われているのが、競歩の谷井孝行《たにいたかゆき》2等空曹(現・3等空尉。以下同)である。

1964年の東京大会で円谷幸吉選手が見せた力走が象徴するように、陸上競技と自衛隊の関わりは深い。とくに長距離走は隊員の体力の維持向上に不可欠な種目であり、課業内のみならず、課業前や後に自主的に走っている隊員も多い。

2016年元日に開催された全日本実業団駅伝にも陸上自衛隊滝ヶ原駐屯地の隊員で編成されたチームが出場しているし、前述した通り秩父宮記念富士登山駅伝競走大会も自衛隊チームは常連である。しかし、体育学校は東京大会以来、陸上競技からオリンピック代表を送り出すことができていなかった。

それを打破したのが、2011年に入隊した競歩の山﨑勇喜《やまざきゆうき》2等陸尉である。50キロの日本記録保持者であり、アテネ、北京と2大会連続でオリンピック出場を果たしていた山﨑2尉が入隊し、ロンドン大会は自衛官アスリートとして出場したのだ。

山﨑2尉の功績は、半世紀ぶりの体育学校陸上競技代表となっただけではない。山﨑2尉のような実績のある選手が体育学校を拠点としたことは、ほかの日本競歩界のエース級がたて続けに入校するきっかけにもつながった。ひとりは2013年に入隊した荒井広宙《あらいひろおき》2等陸曹(現・3等陸尉。以下同)、そしてもうひとりが2014年に入隊し、リオデジャネイロ大会の代表が決まっている谷井2曹である。この3人は国内における競歩50キロのトップ3であり、今や体育学校は自他ともに認める日本陸上競歩界を牽引する競歩王国である。

この3人がそろって出場した2015年の世界選手権で、谷井2曹は銅メダルを獲得、オリンピック・世界選手権を通じて日本競歩界初の表彰台で五輪代表を決めた。谷井2曹にとってはアテネ、北京、ロンドンに続き4大会連続のオリンピック出場となる。

なお、2016年4月に石川県輪島市で開催された日本選手権大会50キロ競歩は谷井2曹が優勝。山﨑2尉との同門対決を制して2位につけた荒井2曹が、最後の1枠だったリオ五輪50キロ競歩の代表の座をつかんだ。これによって、体育学校からは2名の競歩の選手がリオへ臨むことになった。

競歩の第一人者、谷井孝行2等空曹

入隊前は佐川急便に所属、石川県を拠点として午前中は社員として勤務、午後に練習というスタイルで競技生活を送ってきた谷井2曹。自衛隊という未知の世界に新たな練習環境を求めたのには、30歳を過ぎた谷井2曹が現役引退後のセカンドキャリアをはっきりと意識するようになったことがある。

まずは自分が納得いくまで競技を続けたい。その上で、引退後は選手として培ったことを次

リオ五輪のメダル候補の筆頭に挙げられる谷井孝行２曹。現役引退後に指導者の道が開けていることが入隊の決め手となった。

の世代の選手へ伝えていきたい、指導者として選手を育てていきたいというというのが谷井2曹の希望だった。しかし、競歩選手の受け入れ先はもともと少ない、指導者まで抱える企業となればなおさらだ。

その点、体育学校には競技生活を終えたあとも指導者として活躍できる環境が整っていた。とはいえ、谷井2曹ほどの実力者には、ほかの企業からも誘いの声がかかる。悩んだ末に自衛隊を選んだのは、そこに指導者への道が開けていたことと、なによりも自衛隊が今の自分を最大限に伸ばせる環境であると思ったことだった。

体育学校を見学した際、その充実した施設と練習に専念できる環境に、谷井2曹は「これはすごい」と驚いたという。これまでは午前中の仕事を終えてから車で40分かけて練習先に向かい、自分で作った練習メニューをこなし（競歩そのものだけでなくジムでのトレーニングや水泳なども含まれる）、治療院に寄り、体のケアを行なってから帰宅していた。

練習場所の確保から移動もすべてひとりで行なう日々は、いつも余裕がなかったという。それが体育学校の環境を見て、必要なものがひとつに集約されているここでなら効率的な練習ができる、そう考えたのだ。ちょうど子どもが幼稚園入園の時期だったこともあり、「このタイミングしかない」と思ったという。

31歳にして入隊した谷井2曹。しかも航空自衛隊が初めて採用した2曹採用の体育特殊技能者である。これも一般にはわかりにくいところかもしれないが、体育学校で競技に専念している選手たちも自衛官である以上、陸・海・空いずれかの自衛隊に所属している。圧倒的に多いのが陸上自衛官だが、競泳はやはり海上自衛官が多い。

谷井2曹はあえて航空自衛隊を選んだ。それは空自の体育特殊技能者第1号というプレッシャーを自ら進んで背負ったということである。自身の結果次第で、今後も空自の体育特殊技能者採用が続くかにも影響がある。しかしそれが谷井2曹にとっては魅力なのだという。もともと積極的に自分にプレッシャーをかけ、それを力にするタイプだ。「プレッシャーがない状態は望まない。プレッシャーがあるからこそアスリート」とまで言い切る。

社会人1年生のような気持ちで入隊し、初めて袖を通す自衛官の制服に「なんだか感動しました」と笑い、最初は自衛官としての基礎教育も受けた。そして入隊してわずか3週間後に行

入隊してトレーニングに専念できる環境が整ったという谷井２曹。なにをするかは自分で決めるが、それをサポートしてくれる体制が整っている。

なわれた日本選手権で、谷井2曹は同僚の山﨑2尉と終盤までトップを争い、そして日本歴代2位の記録でみごと優勝した。

入隊した年齢からしても即戦力として結果を求められていることは明らかだったが、その重圧も力に変えて、谷井2曹は初陣を飾ったのだ。

充実した設備、優秀なトレーナー、24時間体制のサポート、そして山﨑2尉、荒井2曹というレベルの高いライバル。現在の環境で谷井2曹はより力をつけ、そして4度目となるオリンピックの切符をつかんだ。練習メニューは今でも自分で考えるが、その練習にはサポートがつく。タイムの計測も給水もひとりでやっていた時代と違い、心強く思うと同時に、サポートしてもらえることでスタートを切るときの集中力の持っていき方が違うという。

ロンドン大会のようなメダル数獲得は厳しいと予想されるリオデジャネイロ大会において、

谷井2曹は体育学校のみならず全自衛隊の期待を一身に背負って試合に臨むことになる。しかし、そのプレッシャーも谷井2曹ならばいつものように、自分の力に変えていくのだろう。

ちなみに、「現在、自衛官としての自覚はありますか？」という意地の悪い質問をしたところ、谷井2曹は少し考えてからこう答えた。

「自衛官としての自覚は、正直まだ難しいところはあります。けれど自衛官アスリートであるという自覚はあります。今はオリンピックのメダル獲得が体育学校の目標であり、自分の目標でもあるので、それが自衛官としての自覚ということになるのではと思います。競技を辞めたあとに『自衛官アスリート』から『自衛官』へと気持ちを切り替えていければ、そう思っています」

2020年東京オリンピックを目指す自衛官

［近代五種競技］

世界の強豪と互角に戦えるようになった

2016年2月現在、体育学校からリオネジャネイロ大会の代表が確実視されている競技のひとつに、近代五種がある。

近代五種競技は、オリンピックの創始者であるクールベルタン男爵が19世紀ナポレオン時代の故事をヒントに発案した、いわば「オリンピック生まれのミリタリースポーツ」である。それだけに、体育学校だから五輪代表選手を送り出すのは必須という、常に高いハードルを設定された宿命の種目ともいえる。

1964年の東京大会から1992年のバルセロナ大会までは毎回代表を送り出していたが、その後3大会出場を逃す。しかし、北京、ロンドンと再び連続出場を果たし、ロンドンでは山中詩乃《しの》3等陸曹（当時は陸士長）が女子初の代表となったことが話題になった。今回も早々に三口智也《みぐちともや》3等陸曹がリオデジャネイロ大会の日本の出場枠を獲得（内定の発表は6月）、残る出場枠は事実上、男女各1名となっている。

フェンシング、水泳、馬術、コンバインド（射撃、ランニング）という5つの競技は、かつての東京大会では1日1種目で5日間にわたって行なわれたが、現在は1日ですべての種目を行なうかたちとなっており、そのぶん1日の競技時間は約8時間におよぶ。

フェンシングはエペ（全身すべてが有効面で、先に突いたほうにポイントが入る。日本選手が強いフルーレの有効面は胴体のみ）による1分間1本勝負の総当たり戦、水泳は200メートル自由形、馬術は貸与馬による12障害15飛越、射撃とランニングを交互に4回行なうコンバインドでは制限時間50秒以内にレーザーピストルで的に5回命中させることと、800メートル走を4回行なう。
ゴールした順位が最終順位となるので、最後のコンバインドは観戦していても見ごたえがあり、会場も盛り上がる。体育学校の近代五種班の監督は、バルセロナ五輪の日本代表であり、日本近代五種協会競技力強化副委員長でもある宮ケ原《みやがはら》浩《ひろし》1等海尉が務めている。

自身も近代五種競技の選手として活躍した宮ヶ原浩1尉。今は選手の層が厚くなり、世界と肩を並べて戦えるようになったという。

「私が代表の頃に比べて日本選手の層は厚くなり、世界の強豪と互角に戦えるようになりました。とくに水泳のレベルは高く、世界でもトップクラスです。フェンシングさえ取れれば、リオでも入賞の可能性は高いでしょう。体育学校は5種目すべてを練習できる施設が整っているという、非常に恵まれた環境です。しかし、近代五種が人気競技であるヨーロッパではクラブチームも多数存在し、中国や韓国もそれにならってクラブチームで中学生くらいから選手を育てていますから、高校や大学を出て体育学校に入校してから競技を始める日本は、スタート時点で差がついてしまっているのが現状です」

しかもフェンシングや乗馬は、入校後に生まれてはじめて取り組むという選手がほぼすべて。水泳でめぼしい選手をスカウトして採用しても、そこから育てるには最低3〜4年、選手によっては5〜6年かかる。これでは日本代表にはなれても、世界で通用するのは難しい。

しかし、2015年度から始まった高卒の体育特殊技能者採用により、近代五種にも2020年東京五輪でメダルを目指す選手が入ってきた。さらにリオと東京、2回のオリンピック出場を目指す有望な選手もいる。

2大会連続出場を目指す岩元勝平3等陸曹

「近代五種は気持ちの切り替えが大事な競技です。1種目終わったあと、いかに次の種目へ気持ちを切り替えられるかによって、勝敗に影響が出ます。たとえば水泳が得意の選手で、最初の種目であるフェンシングで思うように勝率が上がらなかった場合、『次は水泳だ』とぱっと気持ちを切り替えられればいいのですが、それを引きずると本来得意の水泳まで悪くなってしまうということがあります。気持ちを引きずりがちな選手は近代五種には向いていません。その点、岩元は非常に切り替えがうまいですね」

近代五種の種目である馬術のトレーニングに励む岩元勝平3曹。体育学校に入校するまで乗馬経験はなかったが、今では人馬一体となって駆ける。

宮ケ原1尉がそう評価する岩元勝平《いわもとしょうへい》3等陸曹は高校卒業後、2008年に入隊した。高校までは水泳の選手で、近代五種という競技は体育学校に声をかけられてはじめて知ったという。はじめは「水泳以外はすべて不安、とくに乗馬は自分にできるのかと不安しかなかった」というが、実際に競技を始めてみると意外な発見があった。自分の強みであるはずの水泳はどの選手も得意な種目であるため、レベルが高く差がつきにくい。一方、もともと走るのは速いほうだった上に、射撃がよく当たった。今や「自分の武器はコンバインド」と言えるまでとなり、その実力は世界にも引けをとらない。

「フェンシングは、始めたばかりの頃は面白かったんですが、練習を重ねるほど壁にぶつかるように感じていて、悩むことがいちばん多い種目かもしれません。馬術は最初こそ戸惑いましたが、今は馬の性格や癖に自分の技量を合わせ、馬が動きやすいようにできていると感じます。気持ちは確かに引きずらないですね。最終種目のコンバインドに賭けているので、そこまで引きずっているわけにはいかず、むしろ最後にテンションが最大になるようにしないといけませんから」

近代五種の面白さは、1種目ごとにまったく違う競技なゆえに、得意・不得意がありながらもカバーしながらやっていけるところだという。苦手な種目をカバーしつつ得意な種目を伸ばす、難しさと楽しさが表裏一体の競技なのだと。

岩元3曹は2012年から全日本選手権3連覇、リオへの残り1枚の切符に現在もっとも近いところにいる。まずは全日本選手権で4連覇、そして2015年のアジア・オセアニア選手権で好成績を残せていれば、リオ出場は決まっていただろう。おそらく本人もその流れを何度もイメージしていたはずだ。しかしその道を進んだのは同僚の三口3曹だった。

「さすがに、試合後すぐにおめでとうとは言えなかったです。けれど今は、あと1枠残ってよかったというのが正直な気持ちですね。試合のときはピリピリしてみんな変わりますが、ふだん一緒に練習している仲間だし、仲はいいんですよ」

そう話す岩元3曹の言葉を裏付けするように、宮ケ原1尉は「試合のときはライバル意識を持っていますが、日常生活ではとても仲がいいですね。外出も連れ立って行くし、営外の選手は家族ぐるみで付き合っています」と話した。

体育学校から五輪代表を出すこと、メダル獲得を目指すことが使命とされている近代五種競技では、親しい仲間が最大のライバルでもある。しかし競歩同様、互いに刺激し合い、励まし合い、切磋琢磨することで、それぞれがより実力をつけていくのだろう。

［射撃］

最高のトレーニング施設

体育学校の射撃班ではライフル射撃とピストルを行なっており、1964年の東京大会以来、日本が参加したすべてのオリンピックに計20名の代表を送り出した自衛隊のお家芸である。1984年のロサンゼルス大会で48歳にしてラピッドファイアピストル（RFP）種目で金メダルを獲得した蒲池《かまち》猛夫《たけお》氏は、「孫のいる金メダリスト」として一躍有名になった。

日本ライフル射撃協会選手強化委員ライフル副部会長でもある射撃班総監督の木場《こば》良平《りょうへい》3等陸佐は、ロサンゼルス、ソウル、バルセロナ五輪と3大会連続で出場、バルセロナの50メートルフリースモールボアライフル3姿勢120発競技の銅メダルメダリストである。ライフル射撃の日本人メダリストは現在にいたるまで木場3佐ただひとりだ。

２０２０年の東京五輪では金メダル30個がＪＯＣの目標であり、その達成には射撃競技の成績が大きく影響するのではと言われている。そこで体育学校の射場には電子標的が導入され、これ以上ないトレーニング施設となった。

しかも、２０２０年の試合会場は自衛隊朝霞訓練場に仮設施設が建てられる。射場こそ異なるが、いわばホームがオリンピック会場となるのだ。これほど有利な条件はないだろう。ただし近代五種競技同様、出場はもちろん、自衛隊として結果を出すことが求められる競技という重圧はついてまわる。

リオ五輪代表にはライフル射撃の山下敏和《やましたとしかず》1等陸尉と、体育学校の出場は12年ぶりとなるＲＦＰから森栄太《もりえいた》2等空曹（現・3等空尉）の2名が決まっている。

自分のことを応援してくれる同期がいる

２０２０年に代表を狙える実力を持つ選手のひとりが、ライフル射撃の清水綾乃《しみずあやの》2等陸曹だ。中学生のときに母親からすすめられて始めた射撃にはまり、たまたま自宅から近所の高校に射撃部があったことでさらにのめり込み、射撃の強豪で知られる中央大学に進学した。

「勉強も好きじゃない。運動もとくに得意でもない。習いごとをしているわけでもない。そんな私に自信を与えてくれたのが射撃でした。オリンピックで金メダルを取るという目標のために体育学校に入りましたが、体育特殊技能者の2曹採用ではなく、あえて自衛官候補生として入隊、半年間の新隊員教育を受けました。競技だけが仕事ではないので自衛官として勉強するのも大事だと感じ、射撃班の監督やコーチと話してその道を選んだのですが、半年間も射撃をしないというのは未知の経験で、やはり不安でした。新隊員教育も衝撃でしたね。最初はラッパが鳴ってる！と、びっくりしました」

ライフル射撃、ピストルとも施設が充実している体育学校。自衛隊だけに、日本代表としてオリンピックに参加することは宿命でもある。

教育期間中は射撃をしたいと焦る自分との戦いだったという。しかし振り返れば、清水2曹は自分の選択を間違っていなかったと思っている。

「新隊員として教育を受けたことで、同期の仲間ができました。直接入校していたら得られなかった仲間です。自分のことを応援してくれる同期がいる、練習がつらいと思っても同じように日本各地で頑張っている同期がいると思うと、ひとりじゃないと力をもらえます。試合に勝てば自分のことのように喜んでくれます」

自衛官にとって、同じ釜の飯を食い苦楽をともにする同期の存在は「会社の同期」など、一般社会のそれに比べてはるかに大きく、その絆は強い。一緒に過ごす教育期間を終えれば、それぞれ全国の部隊に離ればなれになっての勤務となるが、それは全国に仲間がいるということでもある。

新隊員教育を受けてよかったのはそれだけではない。

「半年間射撃と離れていたことで、あらためて、これほどまでに射撃が好きだと再確認できました。同時に、射撃に専念できるということがどれほど恵まれているかも痛感しました。練習環境は日本一恵まれていると思うし、今は射撃中心に生きている理想的な生活を送れています」

射撃できる喜びと感謝の思いは、練習の質を変えたという。そして清水2曹は半年間のブランクを乗り越え、その年の全日本選抜ライフル射撃競技大会で優勝、晴れて特体生として自衛官アスリートの仲間入りを果たした。

２０１５年を締めくくる大会だった同大会でも、10メートルエアライフル立射女子40発でみごと優勝している。残念ながらリオの出場権は逃したが、すでに視線は２０２０年の東京五輪での金メダルを見すえている。

「オリンピックはやはりほかの国際大会とは違います。ワールドカップやほかの国際大会と違って4年に一度しかないし、そこで金メダルを取るというのは本当に力を持っている選手でなければなしえない、最高峰の試合だと思います。だからこそ、オリンピックで金メダルを目指したいんです。射撃は単純だけど奥が深い競技です。ただ真ん中を狙って撃てばいいだけなのになかなか当たらない、単純そうに見えて実はいろんな要素が入って来る、その深さが魅力です」

自分の強みはどんなところだと思いますか、そう尋ねた。

「射撃が好きという思い、これは誰にも負けません。技術的には、撃つのが早いことでしょうか。迷わず淡々と撃っていけるんです。1発撃つごとに頭では考えているのですが、人ほど時間をかけずに済む感じです。射撃に関しては気持ちを引きずらずにできます」

ひたすら自分との戦いの競技

射撃班総監督の木場3佐は、東京はもちろん、リオ五輪でもメダルの可能性は大いにあると思っている。ルールの変更も日本には有利に働くと踏んでいる。

「これまでは予選で撃った点数に本戦の点を加算していたので、予選で開きがあると本戦で追いつくのが難しかったのです。それが本戦は本戦だけで得点されるようになり、予選で差をつけられがちな日本にとっては有利になりました。的の中心の10点を的確に狙える実力を持っている選手がメダルを取れるかは、最後は他国の選手ではなく自分との戦いです。1発撃つごとに気持ちを安定させていられるか。終盤になってくると自分の点数が次第にわかってきますが、『このままいけばメダルを取れる』と思った途端に崩れます。安定して最後の最終弾まで撃てれば勝てるでしょう。ひたすら自分との戦いの競技なだけに、負けたときの悔しさは尋常ではありません。私もトイレで泣いたこともあります。負けたことを風などの天候のせいにする選手もいますが、条件はどの選手もほぼ一緒。そういうことを言う選手は伸びないですね」

また、以前に比べて観戦がぐっと楽しくなり、射撃の面白さがより伝わるようになったそうだ。

「昔は射手の後ろに点数表示がなく、見ていてもよくわからないという観戦する人に不親切な競技でしたが、現在は選手の弾痕《だんこん》もモニターに表示されるほか、1発ごとに点数と順位が表示されるので、応援している選手がどの辺の位置にいるかわかります。また、選手の表情も見ているとおもしろいですよ。ポーカーフェイスもいれば感情むき出しもいますし、私などは首をひねったり頭を押さえたりしている選手が視界に入ると『こいつには勝ったな』と思っていました（笑）。選手のそんな様子を見るのも観戦の楽しみ方のひとつです」

そういう木場3佐は1発撃つごとに声を出さずに口だけ動かし、なにやら独り言をつぶやくことで有名だった。なにを言っていたのか聞いてみれば、「次は真ん中だ」とか「10点取るぞ」とか、シンプルな言葉ばかりだったそうだ。

オリンピックの射撃競技で体育学校の選手が活躍することを期待したい。

五輪メダリストが語る体育学校

メダリストだからこそできること

２０１３年9月、アルゼンチンの首都ブエノスアイレスで第１２５回国際オリンピック委員会（ＩＯＣ）総会が開催され、２０２０年オリンピック開催地が東京に、追加競技がレスリングに決定した（レスリングは五輪競技から外されそうな窮地にあったのだ）。

ロンドン五輪のメダリストである小原日登美1等陸尉は東京招致公式メンバーとして総会に出席、国内では米満達弘2等陸尉と清水聡2等陸尉（当時）が駒沢体育館で２５００人の一般市民と結果発表を聞いた。彼らはロンドン五輪終了後、多数の招致イベントに参加して東京開催の実現に尽力した。オリンピックのメダリストになるというのは、体育学校の顔、自衛官アスリートの顔になるということでもあるのだ。

東日本大震災で部隊勤務の隊員たちが被災地に派遣され、身を粉にして救援活動を行なって

防衛省で行なわれたロンドン五輪参加選手の報告会。前列左から女子48キロ級金メダルの小原日登美、男子フリー60キロ級の米満達弘、男子フリー55キロ級銅メダルの湯元進一、バンタム級銅メダルの清水聡。(アフロ)

いるとき、体育学校でいつもと変わらず練習に精を出しているということに気持ちの置きどころがなく、自分も被災地に行ってできることはないかと訴えた選手もいたという。

胴長を着て胸まで泥水に浸かりながら捜索活動を行なっている隊員の姿を見て、自分はなにをしているのかと自問したくなるのも無理はない。しかし、復興支援の一環で体育学校のメダリストたちが被災地を訪問すると、人々は実に喜んでくれた。

現在はアメリカのペンシルベニア州立大にコーチ留学中である米満2尉のメダルは、リボン部分がぼろぼろだ。メダルに触れたいという人に「それで喜んでもらえるなら」と惜しげもなくメダルを差し出しているうちに、数えきれないほど多くの人が触れたリボンは今にもちぎれてしまいそうなほど傷んでしまった。だが、これほど輝かしい金メダルはない。

メダリストだからこそできること、メダリストでなければできないことがある。自衛官アスリートはオリンピックでメダルを獲得することで、それを実感する。小原1尉もそのひとりだ。

「ロンドンから日本に帰国してからは、毎日が驚きの連続でした。金メダリストとしての役割や責任をわかっていなかったので、最初は周囲の盛り上がりに戸惑いました。けれど各地で講話したり、子どもたちと触れ合ったりしているうちに、自分が今までやってきたことや経験してきたことを伝えるというのは、自分にしかできないことだと思うようになりました」

波乱万丈の競技生活、小原日登美1等陸尉

レスリングで悲願の金メダルを獲得した小原1尉は、2度の引退を含む山あり谷ありの競技生活の集大成がロンドン五輪だった。世界選手権は8連覇と、その強さは疑いようもない圧倒的なものである。しかしオリンピックには縁がなかった。

2004年からオリンピックの正式種目となった女子レスリングに、小原1尉のクラスである51キロ級はなかった。下の48キロ級には妹が、上の55キロ級には吉田沙保里選手がいる。姉

妹対決を避けて55キロ級で2度挑み、2度とも吉田選手という厚い壁に阻まれた。最初の敗北は失意の引退、2度目の敗北は「やるだけやったから」と自分に言い聞かせての引退だった。

転機は思わぬかたちで訪れた。オリンピックを目指す妹のコーチとなり、完全に競技生活にピリオドを打ったはずが、世界選手権で敗北した妹から「私はもう勝てない。日登美が復帰したほうがいい」と言われたのだ。これで新たな扉が開いた。引退した妹の48キロ級で再び現役復帰、そして最初で最後の出場となったオリンピックで悲願の金メダルを獲得したのは周知のとおりだ。

「オリンピックでメダルを取れていないことは、現役時代にやり残したこととして、ずっと心に引っかかっていました。ただ、コーチをしたことで、選手がいかに多くの人に支えられているのかあらためて知りました。選手とはとても幸せなのだということも、自分が選手のときはまるでわかっていなかったことに気がつきました。選手を育てる側にまわった経験は大きなものでした」

小原1尉は、体育学校と出会っていなければ最初の引退から復帰することはなかっただろうし、競技としてのレスリングは二度としなかっただろうと言う。48キロ級で戦っていた頃の体脂肪率は10パーセントを切っていた。筋肉を落とさずに体重を減らすプログラムによって極限まで鍛えられた体は、「チーム小原」によって築かれたものだ。

「私の場合、体育学校に救われたという気持ちがとても強いです。体育学校でレスリングをしていなければ今の私はないし、オリンピックの金メダルもありませんでした。オリンピックには自費で応援に駆けつけてくれた人もいます」

また、自衛官になって、規則のあることが「いいな」と思ったそうだ。規則があるから規律が生まれるし、規則を守ればその中で自由にできる。なんでもありの野放しの状態は、なにもかも自分で決めなければいけないのでかえってきつい。

小原1尉は毎日を過ごす環境や私生活はすべて競技に影響してくると考えるが、それを教えてくれたのが体育学校だ。自衛官の制服にしても、着ると自然に背筋が伸びる。そういう環境が人を育て、選手を育てている部分もあるのだと思っている。

入隊したときから自分の仕事は勝つことだと自覚したという小原1尉。そこには「勝っても負けても一生懸命頑張ればいい」という考えは通用しない。日本という国を守っている自衛隊、その自衛隊の代表だという誇りも生まれたし、日の丸を背負うことは日本代表であり、自衛隊代表でもあるという意識も芽生えた。現在は1児の母であり育児休業中だが、たまにマットに上がるとそれだけでわくわくするという。

「先日、久しぶりに練習したら、以前ならウォーミングアップで軽くやっていたことすらきつくて、レスリングってこんなに大変なスポーツだったのかと思いました（笑）。子育てが一段落したら自分のトレーニングも始めたいですね。２０２０年の東京大会では、体育学校の広報として、オリンピックのメダリストとして、日本の子どもたちにオリンピックの楽しさを伝えられるような役目を果たせたらと思っています」

メダリストも幹部候補生学校に入校、湯元進一1等陸尉

湯元進一《ゆもとしんいち》１等陸尉はロンドン大会で銅メダルを獲得。その後、福岡県久留米市にある陸上自衛隊幹部候補生学校に入校して9カ月を過ごし、２０１５年10月に開催された地元、和歌山県での国体優勝を最後に現役を引退した。双子の兄の健一さんは北京五輪の銅メダリストであり、ロンドン五輪は日本のレスリング史上はじめて双子での同時出場を果たしたオリンピックでもあった。

高校までは兄弟一緒の道を歩んだが、それ以降は拓殖大学から自衛隊に進んだ弟と、日本体育大学から綜合警備保障株式会社（ＡＬＳＯＫ）に進んだ兄とに分かれた。

「日体大での勤務を経てＡＬＳＯＫに行くことが決まっている健一をうらやましいと思ったこともありました。けれど体育学校を見学して、これほど施設が充実しているのかと驚き、さらにトレーナーや栄養士がそろっていて科学的トレーニングもできるというサポート体制も、想像もしなかった充実ぶりでした。最初は『部隊勤務の合間に練習するのかな』程度の知識しか

なかったのですが、レスリングだけに専念できる環境であることも知りました。学生のときは金銭面にばかり目が向きがちなんですが、体育学校を実際に見てからは、お金以上のものがあると確信し、入校しました」

湯元1尉は体育学校でその実力を着実に伸ばし、ついにオリンピックのメダルを手にした。そして9カ月間レスリングの練習ができなくなるリスクをおかしても幹部候補生学校に入校したことで、自衛官アスリートとしてだけではなく「幹部自衛官」としての自覚も芽生えた。

ロンドン五輪のレスリングで銅メダルを獲得した湯元進一1尉。その後は幹部候補生学校にも入校、幹部自衛官としての自覚も芽生えた。

「現役引退後、体育学校レスリング班でコーチや監督の道を目指すならば、幹部になるのは不可欠です。すでに階級は幹部になっていましたが、オリンピックが終わってから入校しました。勉強は本当に大変でしたね。せめて運動面では負けまい、体力面では同期を引っ張っていこうと、そこはぶっちぎりでしたが(笑)。幹部候補生学校ではレスリングの練習では味わったことのない悔しい思いもしましたが、これまでの人生になかったことを学んだ、貴重な日々でした」

幹部候補生学校ではじめて自衛隊のイロハを覚え、幹部自衛官の意味も理解したという湯元1尉は、この先コーチをするにあたり、人を指導する、統率するという面でも、入校は価値あるものになったと言う。また、これまで体育学校以外の自衛官とは付き合いがなかったが、ともに学んだ大切な同期の仲間ができたことは予想外の喜びだった。

湯元1尉は体育学校に入ったからこそ結果が出せた。仮に結果が出せていなかったとしても、体育学校を選んだことは後悔しなかったと思っている。2016年春、コーチに就任し、ロシアへのコーチ留学を希望している。そして2020年の東京五輪で金メダルを獲得できる選手の育成に携わり、ゆくゆくは自分の手でメダリストを育てたいと考えている。

井上謙二3等陸佐が語るレスリング班

フリースタイル主任コーチ（現・レスリング班監督）の井上謙二《いのうえけんじ》3等陸佐はアテネ五輪の銅メダリストであり、日本レスリング協会男子強化委員フリースタイルコーチも務めている。もともとは体育教師を目指し教員免許も取ったが、まだ第一線でレスリングをやれると入校を決めた。決め手はやはり、体育学校の環境の素晴らしさだったという。ソフト、ハードともこれだけそろっていて、しかもそれらをお金を払わずに利用できることに感激、この恵まれた環境でレスリングをしたいと入校した。それまで自衛隊についてろくな知識がなかったので、「隊員はみんな短髪で目つきが鋭い怖い人」という漠然としたイメージを抱いていたそうだが、隊員からしてみれば、レスリングの第一線で活躍する底なしに強い井上3佐のほうがよほど恐ろしかったに違いない。

2004年アテネ五輪のレスリング男子で銅メダルを獲得、現在は指導者として活躍する井上謙二3佐。若い選手の心技体を育成している。

井上3佐は現在指導者の立場にあるが、最初からレスリングに対する意識が高かったわけではない。両膝の人工靭帯《じんたい》再建という大きな手術を経て、レスリングへの思いが次第に変化していった。

もうレスリングはできないかもしれないという焦りにさいなまれるなか、トレーナーは専用の筋トレメニューを作ってくれた。多くの人の支えと自らの努力で再びマットに上がり、レスリングができるようになったとき、周囲の人への心からの感謝と同時に、レスリングができることが言葉にできないほどうれしかったという。

「レスリングができるのは当たり前のことではない。多くの人や物に支えられてレスリングをやらせてもらえているのだと考えるようになりました。だからアテネ五輪では自分のすべてを費やしてメダルを狙おう、人生をかけてレスリングに打ち込もうという気持ちになりました」

今の選手は頑張っているものの、全身全霊でレスリングをしているかといえば、井上3佐から見ればまだ甘いところがあるように思う。とはいえ、それは教えられて育つものではなく、選手自身でつかまなければいけないものだろう。

現在は低迷期といえるレスリング班だが、こういう時期だからこそ「いやな練習」が必要だと井上3佐は言う。それは練習量を増やして基礎体力の底上げを図ったり、技術の反復練習を行なったりすることだ。地道で退屈だとしても、考えずに無意識に体が動くまでの状態まで持っていかなければ、試合の極限の緊張感の中で体は動かない。結果が出ずにつらい時期に重ねるこういった練習が、いざというとき自分を支えてくれるのだ。

体育学校創設当初から行なわれている競技であるレスリングは、1964年の東京五輪から日本が参加したすべての大会に出場している。1968年のメキシコ五輪で2名が金メダルを獲得して以来、これまで47名のオリンピック選手を送り出し、金5、銀4、銅3、入賞者10名という華々しい成果を上げてきた。メダル数はもちろん、選手の人数も体育学校最大である。今回のリオ五輪で、その連続出場記録がついに途切れることになってしまった。

近代五種や射撃が競技の特性ゆえに体育学校に結果が求められるとすれば、レスリングの場合は体育学校の歴史と伝統を継承するという意味で結果が求められると言えるかもしれない。期待されるぶんプレッシャーも大きいが、体育学校のパンフレットに「トップ選手のレベルにいたっていない状態で入校した選手でもかならず全日本3番以内にさせる自信はある」と明言するほど、その指導体制は整っている。

ロンドン五輪終了後、メダリストやコーチ陣はオリンピックで獲得した成果や教訓を部隊に普及するため、いくつかの部隊を訪問、心技体のトレーニング方法や教訓の中から部隊で活用できるような事項を講義して好評を博した。これは各部隊の精強化につながることであり、このような活動ができることも体育学校の大きな存在意義であると言えるだろう。

さらなる存続を目指して

育てる、教育するというのは自衛隊の文化

新隊員教育という半年間の競技ブランクを生じさせず、高卒者でもすぐ競技に専念できる環境を提供すべく体育特殊技能者として採用できるようになったのは、「遠回りさせない」ためである。

体育学校の一画にはオリンピックに関するさまざまな展示がある。体育学校の栄光の歴史であると同時に、選手たちの汗と涙の結晶でもある。

２０２０年までの限られた時間で選手としての実力を最大限に伸ばすには、言い方は悪いが回りくどいことをしている余裕はない。また、大学に進学してから２０２０年の東京五輪を目指すとなると時間的に間に合わない競技もある。そこで有望な高校生を体育学校が直接採用できるよう、採用年齢を引き下げた。

とはいえ、高校生に「公務員ですよ、終身雇用ですよ」と言ってもいまひとつ説得力に欠ける。むしろ乗り気になるのは親のほうだ。第２教育課長の益子卓《ましこたかし》１等陸佐は、体育学校のスカウト状況についてこう話す。

「うちは企業と違って選手の勧誘にお金を積めないぶん、環境で勝負するしかありません。ですから、まずは学校を見学してもらう、そこからですね。見てもらえさえすればうったえられるものがありますから。目の前のお金は確かに魅力的でしょうが、練習後のケアやトレーナーの雇用などはすべて自分でまかなわなければいけないケースも多いようです。その点、うちはすべてサポートしますし、それらが体育学校という1カ所で完結します。そしてなによりもコーチやトレーナーに『選手をなんとかしてやりたい』という熱い思いがあります」

超一流のホープは企業に取られても、体育学校はこれから期待できる選手を採用して伸ばすことができる。あるいは、一度故障したり挫折したりした選手を再生させるのも得意分野である。

「育てる、教育するというのは自衛隊の文化でもあります。子どもが入隊して1週間後、入隊式に訪れた親御さんが別人のようにきびきびと動くわが子の姿に、のけぞらんばかりに驚かれますからね（笑）」

競技スポーツが普及した今、体育学校の意義が問われている

企業では故障した選手は見放されるかもしれないが、体育学校ではトレーナーが「よおし、俺の出番だ」と腕をまくる、そういう組織だ。しかし企業と選手を取り合うという現状には、体育学校の存在意義という深い問題が絡んでいる。

東京開催が決まったことで、スカウトはますます厳しくなっている。体育学校も現在はハード、ソフトの両面でさらなる充実を図っているが、そのぶん東京で結果が出なかった場合はバ

ッシングを受けるかもしれない。

「それはある意味当然ともいえることですが、そもそも体育学校が存在する意義についても考えさせられることがあります。というのも、1964年の東京五輪のときは、民間企業がまだスポーツに力を入れていなかったので自衛隊にやってもらわないと、というかたちで始まりました。民間がだめなら国で、ということですね。それが今では民間企業と体育学校が選手を取り合っているわけで、これはこれで違和感があります。つまり、民間でこれだけ競技としてのスポーツが普及した今もなお、体育学校に役目はあるのかと。もちろん国を挙げて盛り上げたい競技を『まず体育学校でやってくれ』と頼まれることもありますし、射撃や近代五種など、自衛隊でなければ競技が難しい種目もあります。2020年までは体育学校も不可欠な存在であることは間違いありません」

しかし、そこで結果を出せなかった場合は、いきなり第2教育課がなくなるという乱暴な結論まで話が飛躍しないとしても、体育学校が現在行なっている種目の再編という話はありえないことではないだろう。企業のほうがよりよい結果を出す競技については、「体育学校でやらなくてもいいのでは」という話が出てきても不思議ではない。

1964年の東京オリンピックがきっかけで設立された体育学校。半世紀以上の歴史を経て、再びの東京大会がひとつの岐路になるかもしれない。

第5章　２０２０年東京五輪に向けて

始まった自衛隊の取り組み

「東京五輪大会等準備委員会」の発足

２０２０年オリンピックの開催地が東京に決まった直後に開催された「防衛省・自衛隊２０２０東京オリンピック・パラリンピック特別行動委員会」は、２０１３年9月に第1回が開催された。冒頭に行なわれた小野寺防衛大臣（当時）のあいさつは、次のようなものだった。

１９６４年の東京オリンピックでは開会式でブルーインパルスが五輪マークを東京の空に大きく描き、音楽隊がオリンピック・マーチやファンファーレを演奏し、防大生が選手団入場時に各国のプラカードを掲げ、三宅選手や円谷選手のような自衛官の選手が活躍した。2020年のオリンピックでも、防衛省・自衛隊がオリンピックで果たす役割は大きい。

ロンドンオリンピックでは、自衛隊から4名のメダリストを出している。2020年の東京オリンピックでも、ぜひ自衛隊の中からも国民に夢を与えるような選手を育てていきたい。

今回東京が開催地に選ばれたのは、東京が安全な街であるということ、平和で安定した日本であるということが大きな理由のひとつ。防衛省・自衛隊としても、日々の防衛・警備の中で、しっかりと日本の安全保障、安全な環境を今後とも維持し、7年後に無事にオリンピックを開催できるよう、日本の安全、日本の平和な社会をアピールすることが何よりも大切だと考えている。

自衛隊員すべてがオリンピックに参加しているという気概の下、これからも日本の安全保障のために全力で働き、しっかりと、われわれも大会の成功に向けて努力していきたい。

このあいさつからは、体育学校からメダルを狙える〝オリンピアン〟を送り出したいという思いは伝わってくる。また、官房長や関係局長からは、2020年東京五輪の会場として陸上自衛隊朝霞訓練場を使用するほか、競技運営や警備などの安全対策への協力についても話があったと記録にある。
この委員会は、第3回までは毎月開催された。第2回には小原1尉らロンドン五輪のメダリストも出席したことは、前章で紹介した。第3回には、陸上幕僚長から陸上幕僚監部に「東京五輪大会等準備委員会」が発足したという報告があった。2014年1月に第4回、4月に第5回が行なわれたが、この2回はこれといった中身の濃い話し合いがされた様子はない。実際、委員会を開くほどの進展はなかったのか、第6回が開催されたのは5カ月後の9月、江渡聡徳氏が防衛大臣に着任した直後のことだ。このとき大臣へ行なわれた報告は以下のとおり。

これまでの当委員会での検討状況（セキュリティ・安全安心への協力、選手の育成や競技力の向上、大会運営への協力）

陸上幕僚監部に「東京五輪大会等準備委員会」が設置され、体育学校の強化をはじめ、陸上自衛隊が実施すべき協力内容の検討を進めていること。

体育学校では特別体育課程の9競技（レスリング、ボクシング、柔道、射撃、アーチェリー、ウェイトリフティング、陸上、水泳、近代五種）の選手の育成・強化に加え、女子ラグビーやカヌーの選手の育成も実施していること。

そしてこの第6回を最後に委員会はしばらく開催されていなかったが、2016年3月になって久しぶりに動きがあった。ラグビーワールドカップ2019が2020年東京五輪と準備や運営の面で密接に関係することを踏まえ、オリンピックとラグビーワールドカップに一体的に取り組んでいくこととなったのだ。

そこで委員会の設置要綱も改められ、3月17日には「防衛省・自衛隊2020年東京オリンピック・パラリンピック競技大会及びラグビーワールドカップ2019特別行動委員会」の第7回委員会が開催された。大変長い名称である。

動きがなかった時期も、防衛省がオリンピックへの協力に対する意欲に欠けていたというわけではない。英訳もされている『防衛白書』平成26年度版に「東京オリンピック・パラリンピック開催に向けた取組」という項目があるので紹介する。

防衛省・自衛隊では、2013（平成25）年9月7日、2020年のオリンピック・パラリンピック競技大会の開催都市に東京が決定したことを受け、同月10日、同大会への取組を強化することを目的に、防衛大臣を長とする「防衛省・自衛隊2020年東京オリンピック・パラリンピック競技大会特別行動委員会」（特別行動委員会）を設置し、全省をあげて積極的に同大会の成功に向けて動き出している。

1964（昭和39）年に初めて東京で開催された東京オリンピック・パラリンピック大会の際には、ブルーインパルスによる飛行展示をはじめとする様々な支援を実施したが、2020年東京大会においても、射撃競技会場の提供（陸自朝霞訓練場）や、警備など安全対策にしっかりと取り組んでいくこととしている。

また、防衛省・自衛隊では、自衛隊体育学校から多数の自衛官メダリストを輩出しており、現在、レスリング、ボクシング、柔道、射撃、アーチェリー、ウェイトリフティング、陸上、水泳、近代五種の9競技について特別体育課程を設け、自衛官メダリストの経験も活かし、国際級の舞台で活躍できる競技者としての自衛官の育成にも力を入れている。さらに、女子ラグビー、カヌーといった競技についても、精力的に選手の育成と支援に努めていくこととしている。

今まで以上に警備・テロ対策が重要

『防衛白書』に「警備など安全対策においてもしっかりと取り組んでいく」と明記されているということは、防衛省・自衛隊は2020年東京五輪に選手を輩出や競技会場の提供以外の協力も行なうということである。ただ、その具体的な内容は、今の時点では決まっていない。

「あと4年しかないのにそんな呑気なことでいいのか」という声もあるかもしれないが、今はまだ不確定要素が多すぎるのだろう。競技会場としてこれから新設される施設も10近くあるのだ。

防衛省職員と陸上自衛官（おそらく東京五輪大会等準備委員会に関わっている幹部自衛官）は、リオ五輪の視察に行くだろう。1964年の東京大会の際も1960年のローマ大会を視察し、イタリア軍の支援についてかなり研究、その成果を持ち帰って支援の準備に反映させている。

ブラジルでは、2014年のサッカーW杯では民間企業が施設内の警備を請け負ったが、リオ五輪ではブラジル軍と警察が行なうことになっている。費用の問題もあるのだろうが、2015年のパリ同時多発テロ以降、大規模イベントにおける警備やテロ対策は、これまで以上に国家が尽力しなければならない問題という側面もあるのではないか。

余談になるが、リオ五輪の安全対策における現地の責任者は岡村アンジェロ陸軍中将で、陸軍で中将に昇進した2人目の日系ブラジル人だ。ブラジル軍や警察は金属探知やX線検査などで危険物の持ち込みを防止し、器物損壊につながるような暴力行為や暴動の取り締まりなどを実施するそうだから、現場の様子を見ることは参考になるだろう。

2012年のロンドン五輪ではまだ脅威となっていなかったドローン対策も、オリンピックという実際の場で確認できるチャンスだ。

リオ五輪のあと、「防衛省・自衛隊２０２０年東京オリンピック・パラリンピック競技大会及びラグビーワールドカップ２０１９特別行動委員会」は、より定期的に会合の場を持つことになるだろう。同時に、陸自の「東京五輪大会等準備委員会」も、１９６４年大会のときのようなオリンピック支援集団の編成についての検討をさらに具体的に進めるはずだ。そして日本オリンピック委員会（ＪＯＣ）と東京都により設立された東京オリンピック・パラリンピック競技大会組織委員会と防衛省の間で、なにを支援するか、どこまで協力するかといった折衝が始まれば、支援の具体的な内容が一気に見えてくるだろう。

なお、２０２０年大会ではオリンピックで28競技、パラリンピックで22競技の開催が予定されている。オリンピックについてはこの東京大会から開催都市（の組織委員会）が追加の種目を提案することができるようになっており、組織委員会は現在、5競技18種目の追加をＩＯＣに提案している。

これらについては今年8月、リオで開催される国際オリンピック委員会（ＩＯＣ）総会で正式決定されれば、28競技に加えオリンピックの正式種目として採用されることになる。大会の規模が大きくなるほど支援の完遂はハードルが高くなるが、警察や消防、民間企業、そしてＮＧＯやボランティアとも連携し、自衛隊の実力を１２０パーセント発揮してもらいたいものだ。

元東北方面総監の野中光男氏。1998年の長野冬季オリンピックは東部方面総監部幕僚長として関わったほか、北海道ではスキーW杯の支援も経験。

自衛官にとってのオリンピック

陸上自衛隊の第30代東北方面総監を務めた野中光男氏は、東部方面総監部の幕僚長として1998年の長野冬季オリンピック大会に関わった。東部方面隊隷下の第12師団が母体となって編成された長野オリンピック協力隊が、競技会場の設営などに活躍する姿を視察している。

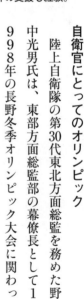

だが、多くの観客でにぎわうオリンピックらしい華やぎもない、準備の段階をただ一度見たきりで、それ以降は現地に足を運ぶことはなかった。もちろん行こうと思えばもっと頻繁に視察することはできたが、野中氏はあえてそれをしなかった。

東部方面総監部は第12師団の上級組織にあたる。一般企業でも、現場で指揮を執っている有能な課長がいながら本部からひんぱんに部長がやってきて、仕事ぶりを見られるだけでなく、ときには口も挟まれたら、課長が「自分は信頼されていない」と思ったとしても無理もない。しかも上司だけに放っておくこともできず、ふだんの仕事を後回しにして応対する人間も複数名必要になる。

「もしも現場が困っていたら、そのときに解決してやるのが上級部隊の役目です。それ以外のときは師団長に一任して見守る。もちろん行きたいですよ、頑張っている隊員たちを激励したいですし。けれど指揮官には〝行かない勇気〟が必要なこともあるのです」

野中氏がちょうど防大の学生だったときに1964年東京五輪が開催されたが、標識隊に選ばれなかった野中氏が式典の場に立つことはなかった。

「同級生の友人たちがくそ暑いなか、じっと立っているだけという訓練をしていて、うらやましかったですね。開・閉会式に出られなかった立場からすれば、国威発揚のために貢献できているのだから、1時間半や2時間、直立不動でいるくらいなんてことないだろうと思っていました。実際は大変だったと思いますが」

野中氏は、オリンピックの支援は組織的に力を発揮できるので自衛隊にぴったりだという。たとえば長野オリンピック協力隊の基幹部隊となった第13普通科連隊（松本駐屯地）は山岳部隊としても知られており、雪山には慣れたものだ。

「そういう隊員たちが一列になってつぼ足（雪の上に足を踏み込み、つぼ状の足場を作る）でゲレンデを整備するなど、オリンピックは指揮系統を通じた組織力を発揮できる絶好の機会です。また、その効果を全世界にアピールすることもできます。そして肝心なのは、日頃、自衛隊が訓練していることが、そのまま支援につながっているということです。同時に、支援に参加した隊員に、貢献できたという誇りが生まれることです」

ただひたすら会場の準備を進める隊員からは、国家のためにやっているという思いが伝わって来たという。オリンピックはほかのスポーツ大会の支援とは一線を画するものがある。オリンピックに関われるというのは、自衛官にとっても特別なことなのだ。

ひと足先に準備を始めた体育学校

まだ決まっていないことが多すぎるから支援の具体的な話は進められないという防衛省・自衛隊の中で、一歩先を行っているのが体育学校だ。すでに紹介したとおり、体育学校はもともと1964年の東京五輪でメダルを狙える選手の育成を目的として設立されただけに、2020年に結果を出すことは任務であり使命である。予算がついて老朽化した施設の改修も始まったし、選手の個性を尊重しながら伸ばすコーチ、減量やリハビリでも頼りになるトレーナーなど、優秀なスタッフもそろっている。

高卒者でも部隊勤務経験を経ずに特体生（特別体育課程学生）として競技に専念できる制度も整った。これで東京大会という晴れの舞台で結果を残せなかったら、体育学校の存在意義そのものが揺らいでしまう。防衛省・自衛隊の組織の中で、現在どこよりも4年後をリアルに見すえているのは体育学校だろう。

２０１２年のロンドン五輪で、体育学校は一度、頂点を極めた。そのときメダルを獲得した4名のうち、現在も自衛隊に所属している3名はすでに全員現役を退いている。そういう意味では今、体育学校は耐える時期にあると言えるかもしれない。ベテランは引退、若手はすぐには育たない、試合でなかなか結果が出せず、リオの代表争いはどの競技でも厳しい状況が続いている。

それでも体育学校にブレがないのは、目の前のリオ五輪がゴールではないからだ。もちろんリオでも競歩の谷井2曹をはじめ、体育学校の選手の活躍は注目されているし、期待も高まっている。だがリオが終わったあとの体育学校にも、ぜひ注目してもらいたい。

今が助走の時期だとしたら徐々にスピードを上げ、２０２０年にはトップスピードに乗った選手がどの競技にもいるはずだ。

小原1尉の来訪に笑顔を見せた被災地の子どもたち、リボンがぼろぼろになった米満2尉の金メダル。自衛官アスリートには勝利してはじめて生じる任務もある。それは彼らにしかできない、国家と国民に対する貢献でもある。

２０２０年、体育学校の底力をぜひ見せてもらいたい。

2020年東京オリンピックへの備え

1964年のオリンピックでは重要項目として取り上げられることがなかった備えに、テロ対策がある。

テロへの対処

今や世界各国から人が集まる国際規模のイベントでは、テロ対策なしに開催することなどかなわない。物騒で残念な時代だが、それが現実である。たとえば2002年の日韓ワールドカップや2008年の洞爺湖サミットでも、地上は陸自、洋上は海自、上空は空自が常時警戒、24時間体制で監視していた。国民に見えないところで常に備えていたのだ。2016年5月に開催される伊勢志摩サミットでも自衛隊は高い警戒態勢を敷くだろうし、それは2020年のオリンピックでももちろん同様だ。しかも開催期間2日間のサミットに対し、オリンピックは半月におよぶ。

防衛研究所ニュース2014年6月号に、政策研究部防衛政策研究室の片山善雄氏が『オリンピックとテロ』という一文を寄稿している。片山氏はそこで「テロリストにとって、観衆は多ければ多いほど都合が好い。世界中から観衆（視聴者・見物客）を引き付けるオリンピックを始めとする大きなスポーツ大会は、格好の攻撃対象」であり、「オリンピックは、限られた国の首脳が短期間、ひとつの会議場に集まり、一般の人々を近付けないようにできるサミットとは異なる。（中略）分散した会場にいる要人プラス不特定多数の観衆や市民を守るために、長期間の警戒が必要となる」と述べている。

テロリストにとって、全世界が注目するオリンピックは好機なのだ。実際、１９６４年の東京大会では幸いにして人々を巻き込むようなテロは起こらなかったが、８年後の１９７２年のミュンヘン大会では、選手村がパレスチナ系の武装組織「黒い9月」に襲撃され、最終的に人質11人が死亡するという痛ましい事件が起きた。

CBRNテロの脅威

テロというと火力による攻撃というイメージがあるが、今やサイバーテロも大きな脅威だ。そして化学（Chemical）、生物（Biological）、放射性物質（Radiological）、核（Nuclear）を用いた、いわゆるCBRN《シーバーン》兵器も、甚大な被害を与える可能性があるテロである。

もしもオリンピックで地下鉄サリン事件のようなテロが起きた場合、どうなるのだろう。

仮に同じ規模で起こった場合、意外なことだが自衛隊の出番はないかもしれない。今なら消防だけで対処できる可能性が高いのだ。

1995年の時点では、あの規模の化学剤が使われるという想定があらかじめあり、実際に起きても対処できるという実力を持っているのは自衛隊だけだった。自衛隊にはCBRN兵器に対応する専門部隊がある。隊員は被害者の症状を聞いた時点で、すぐに液体が「有機リン系だ」と気づいた。だからどのように処置すればいいか、なにに気をつけなければいけないかもわかった。しかし現場で救急作業にあたっていた消防隊員にはわからない。わからないまま処置したために、二次被害が起きてしまったケースもあった。消防は苦い教訓となったこの事件をきっかけにCBRN対策に取り組み、その結果、同じ規模のテロならば、自衛隊の力を借りるまでもないという備えを整えたのだ。

陸上自衛隊化学学校（大宮駐屯地）の副校長である岩熊真司《いわくましんじ》1等陸佐は、東日本大震災の際、中央特殊武器防護隊の隊長として福島第一原発におもむいた人物である。原子力災害現地対策本部からの原発3号機に対する給水要請に応じ、作業のため車を降りようとした瞬間に3号機が爆発、大量のコンクリートがれきが岩熊1佐たちの乗っている車両に降り注いだ。幸い死者こそ出なかったものの、6名の隊員のうち4名が負傷するというまさに危機一髪の状況を経験している。その岩熊1佐に、オリンピックでCBRNテロが発生した場合に厄介なことを尋ねたところ、「パニック」という答えが返って来た。

「被害に遭っていないもののガスを吸ったような気になり、パニックを起こす人々がいるケー

陸上自衛隊化学学校の岩熊真司1佐。東日本大震災では福島第１原発で原子炉３号機の爆発に遭遇している。車両はNBC偵察車。

スですね。化学部隊はそういう人たちまで抑えることはできません」

しかしありそうな話である。目に見えないものに攻撃されるというのは、人間の恐怖心をあおる。ＳＮＳを介してデマが広まり、パニックに拍車がかかるかもしれない。しかも今はドローンにＣＢＲＮ兵器を積んで遠隔操作することも可能だ。ただ岩熊1佐によると、ＣＢＲＮ兵器というのは基本的にあまり使われるものではないという。使った途端に非難を浴び、全世界を敵にまわすことになるからだ。それでも使用される場合は、誰が使ったのかわからないようなかたちで使われるか、そもそも非難されてもかまわないという非政府組織によって使われると想定される。

ＩＳ（自称、イスラム国）などイスラム過激派の影がちらつくが、片山氏は次のように述べている。

「2000年代初頭にはアルカイダ関係者とみられる男がわが国に出入国を繰り返したり、アルカイダからわが国に対して脅迫声明が出されたりしたことがあったが、具体的な事件は発生していない。2005年のロンドン地下鉄バス同時爆破事件の犯人は、英国のイラク戦争参戦に反発して犯行に及んだのであるが、わが国は戦後70年近くにわたって海外で武力行使を行なって人を死亡させたことはない。イラクの復興支援活動では、わが国の部隊は現地住民と良好な関係を築いた。在日イスラム教徒の人々は自らの意思で来日し、学業や事業に励んでいる。わが国がイスラム教徒の恨みを買ういわれはないのである。したがって、わが国がイスラム過激派のテロの目標となる可能性は低いと言ってよいのではないか」

また、岩熊1佐からは次のような話も聞いた。

「CBRN兵器は使われてしまうと後手《ごて》にまわってしまうので、使われないようにする警備の強化がいちばん大事です。オリンピックでは相当な警戒態勢が敷かれ、競技会場へ入場する際の荷物チェックなども入念に行なわれるでしょう。しかしすべての荷物を把握することは難しく、小さな容器で会場に持ち込まれた場合、それを事前に見つけるのは困難です。ただ逆に言えば、その程度の容量ならば小規模なことしかできないということでもあり、小規模ならば消防だけでも対応できると思います」

さらに、外務省の海外安全ホームページには「海外へ進出する日本人・企業のためのCBRN（化学、生物、放射性物質、核兵器）テロ対策Q&A」という項目があり、その中に放射性物質を用いたテロについての説明もある。わかりやすいので、一部を紹介する。

「一般的に、原子力施設にあるような強力な放射性物質に対する警備体制が非常に厳重であることから、テロリストが入手し得る放射性物質は効果の弱いものであると考えられています。そのような効果の弱い放射性物質を使用したダーティーボムが爆発した場合、人体が受ける被害の大部分は爆発による被害であると考えられています。（中略）テロリストが放射性物質を散布する最大の目的は、その地域を放射線で汚染させて長期間機能不全状態とすることにあると言われています」

基本的に警備は警察、人命救助は消防の仕事である。それらの組織だけでは対応しきれないとき、さらにテロ現場の安全化を図るとき（除染など）が、自衛隊の出番である。洋上や上空からの警戒もその一環だ。

2020年東京五輪で自衛隊が協力すること

1964年東京五輪で自衛隊が協力した項目は、式典、競技（近代五種、馬術、ライフル射撃、クレー射撃、自転車、陸上、カヌー、漕艇、ヨット)、選手村、輸送、衛生だった。

では2020年にはどのような協力をすることになるだろうか。

「自衛隊がやることではない! これを先例としないように!」と強い言葉で記録されているカヌーや漕艇での支援のようなことは、民間の競技団体が発展した現在では起きないのではと思われる。

各項目の内訳には警備も含まれていたが、これも主力は警察だし、民間の警備会社も活躍するはずだ。自衛隊が協力する警備は、「自衛隊にしかできない警備」である。選手村が台場(港区)にできることを考えると、海上警備には海自の特別警備隊が投入されるかもしれないし、選手村内の警備は民間の警備員に陸自の特殊作戦群の隊員が紛れて派遣されるかもしれない。空自は早期警戒管制機AWACSによる警戒だけでなく、ミサイル事案に備えて迎撃ミサイルのペトリオット部隊も展開させるだろう。もちろんCBRNテロに備えて陸自化学部隊の中枢である中央特殊武器防護隊も待機するはずだ。

選手村の管理業務などは、さすがに次回は要請されることはないだろうし、万が一要請されても防衛省が受けるとは考えにくい。掃海艇も駆り出されたヨットの支援も、60年前のようになにからなにまで自衛隊に頼りっぱなしということにはならないだろう。自転車競技はまた車両を時速90キロで公道をすっ飛ばすのか、これはどうなるか興味深い。

式典の協力は不可欠だろう。祝砲の発射は自衛隊にしかできないし、音楽隊も欠かせない。ブルーインパルスの五輪飛行が再び見られるかは諸条件からまだ微妙だが、新国立競技場上空をデルタ編隊でフライパスなどといった展示飛行は実現の可能性が高い。

衛生分野の業務は、前回以上に出番が多いかもしれない。自衛隊にしかない装備もあるし、選手、観客とも酷暑による体調不良者が多数出ることが予想されるからだ。日中の気温が35度に達し、「日中の外出は控えましょう」と言われる時期に、選手たちはベストパフォーマンスを発揮できるのだろうか。ただいるだけでも体にこたえる東京の夏にオリンピックを開催するなど狂気の沙汰とも思えるが、北半球でのオリンピックは欧米でのテレビ放送のからみで夏季に開催と決まっている。自衛隊が衛生分野で活躍するというのは、本来好ましい状況ではないのだが……。

1964年東京五輪では最大の難関であった輸送は、2020年も自衛隊に協力が大きく期待されることは間違いない。ただ、選手村から競技会場までのバスの運行管理業務などは、さすがにもう依頼されないだろう。

しかし、VIPなど要人輸送は、陸路、空路とも自衛隊の担当になる可能性が高く、とくに空輸業務は1964年大会とは比較にならないほど激増するはずだ。空輸には汎用ヘリのUH-1や多人数を乗せられるCH-47などが使われると予想される。前回は陸自の航空部隊だけでまかなったが、次回は空自の力も借りなければ、ニーズに応えきれないかもしれない。陸・海・空三自衛隊を束ねる統合幕僚監部により統合運用が可能な現在、60年前にはできなかったかたちの支援も可能となる。陸・海・空の横のつながりも、昔とは比べ物にならないくらい風通しのよいものになっている。

１９６４年、自衛隊創設から10年というまだ自衛隊に対する世間の目が冷たかった時代に、関係機関から絶賛された自衛隊の支援。２０２０年も60年前の自衛隊のＤＮＡを受け継ぎ、任務完遂のための努力を惜しまず、誰に見られていなくても全力で取り組む、愚直なまでに真面目な自衛官の本領が発揮されることを期待したい。

おわりに

自衛隊が発足して10年に満たない時期に、法改正により決まったオリンピックへの支援。それは当時の国民の目にどう映ったのでしょう。縁の下の力持ちに徹する姿は、そもそも見えていなかったのではないでしょうか。多くの人にとって、ブルーインパルスの五輪飛行や三宅義信、円谷幸吉両選手の活躍しか、東京オリンピックと自衛隊を結びつけるものはなかったかもしれません。私自身も、１９６４年の東京オリンピックにこれほど自衛隊が関わっていたことは、今回取材して初めて知りました。

東京オリンピックにおける自衛隊の支援を調べるにつれ、改めて自衛隊はとことん「尽くす組織」であるという思いを強くしました。要請に対して１２０パーセントの力で応えて相手を感嘆させ、ときに理不尽と思えるような依頼でも黙々とこなし賞賛される。資料を読み進めると、そういったシーンにたびたび遭遇しました。かつてF‐15戦闘機パイロットにインタビューした際に聞いた「われわれは奉仕人《ほうしびと》なのです」という言葉がずっと心に残っていたのですが、東京オリンピックでの支援は、まさにその言葉を具現したものだと感じました。

東京オリンピック前年の1963年に行なわれた総理府（当時）による世論調査で、自衛隊に対して「よい印象を持っている」という回答は38・1パーセントでした。それが東京オリンピック翌年に行なわれた世論調査では、56・8パーセントへと上昇しています。たった2年間で20パーセント近くも上昇した要因が、東京オリンピックの支援にあったことは間違いないでしょう。

ちなみに最新の2014年度の自衛隊・防衛問題に関する世論調査では、自衛隊に対する全般的な印象は「良い印象を持っている」「悪い印象は持っていない」が合わせて92・2パーセントです。国民の奉仕人として尽くしてきた結果が、この数字に表れています。

本書をまとめるにあたり、元東北方面総監の野中光男氏には多大なご協力をいただきました。野中氏をご紹介いただいた荒木肇氏、標識隊のメンバーとして開・閉会式に参加した貴重な体験をお話しいただいた陸上自衛隊OBの佐山詔介氏と及川輝彦氏、メルマガ「軍事情報」

で執筆の場を提供してくださった竹本哲也氏にも感謝します。また、陸上幕僚監部、自衛隊体育学校、陸上自衛隊化学学校、陸上自衛隊東部方面総監部、野中氏を介して当時の資料を探してくださった陸上自衛隊各部隊と陸上自衛隊航空学校、陸上自衛隊輸送学校、防衛大学校、自衛隊病院（中央、札幌、阪神、福岡）のご協力がなければ、半世紀以上前のオリンピックで自衛隊がどのような役割を果たしたかをここまで掘り下げることはできませんでした。ありがとうございました。

また、本書企画のきっかけを作ってくださり、校閲も担当していただいた渡部龍太氏、そして、この本を執筆する機会を与えてくださった並木書房の奈須田若仁氏に、この場をお借りして心からお礼を申し上げます。

２０２０年東京オリンピック・パラリンピックでは、自衛隊は「自衛隊ならでは」の支援で大会を支えてくれることでしょう。同時に、体育学校育ちのアスリートたちの活躍にも期待したいと思います。

２０１６年５月

渡邉陽子

渡邉陽子（わたなべ・ようこ）
千葉県生まれ。大学卒業後、ＩＴ企業、編集プロダクション勤務を経て2001年よりフリーランス。2003年から月刊『セキュリタリアン』『MAMOR』などに寄稿。現在は自衛隊関連の情報誌などで記事を発表。メルマガ「軍事情報」で自衛隊関連の記事を配信中。

オリンピックと自衛隊
1964―2020

2016年５月25日　印刷
2016年６月５日　発行

著　者　渡邉陽子
発行者　奈須田若仁
発行所　並木書房
〒104-0061東京都中央区銀座1-4-6
電話(03)3561-7062　fax(03)3561-7097
www.namiki-shobo.co.jp
印刷製本　モリモト印刷

ISBN978-4-89063-339-5